Systematic Approach

GROUNDED THEORY

제2판

근거이론 방법의 체계적 접근

논문작성 가이드

유 기 웅

박영story

머리말

연구방법으로서 근거이론 방법은 최근까지도 연구가 지속되고 있다. 다양한 버전들이 소개되어 있으며 이를 연구에 활용하는 숫자도 늘어나고 있다. 다양한 버전과 학파가 존재한다는 것은 근거이론의 발전을 위해서 긍정적으로 해석할 수도 있으나, 다른 한편으로는 근거이론을 활용하여 연구를 수행하는 사람들에게 명확한 지침이나 가이드를 주고 있지 못하다는 것을 방증한다고 볼 수 있다.

이 책은 근거이론 방법의 체계적 접근을 활용하여 논문을 작성하는 방법에 초점을 두고 있다. 여기에서 말하는 체계적 접근(systematic approach)이란 수집된 자료를 분석하는 과정에서의 체계성을 의미한다. 체계적인 분석을 통해 실체적 이론이 가져야 할 두 가지 특성인 '현상에 대한 체계적인 설명'과 '예측력 있는 논리적 체계'가 잘 드러나도록 해야 한다는 점이다. 이러한 논리에 따라 분석의 단계를 '현상 이해 분석', '범주 관계성 분석', '이론 통합 분석'으로 구분하였다. Strauss와 Corbin(1998)이 제안한 패러다임 모형, 과정 분석, 매트릭스 분석의 기본 원리에 따라 '현상 이해 분석' 단계에서 도출된 범주들의 관계성을 분석하기 위한 일종의 분석 틀을 고안하였다. 부자연스럽고 억지로 끼워 맞추기 식의 분석이 될 수 있다는 부정적 의견보다는 범주의 관계성을 체계적이고 유용하게 분석할 수 있다는 장점이 더 크다고 생각했다. 무엇보다도 이러한 체계적인 분석 과정을 거쳐 실체적 이론이 생성될 수 있다는 점에 초점을 두었다.

이 책은 논문 작성의 흐름에 따라 총 7개의 주제로 구성되어 있다. 1장에서는 근거이론 방법을 활용한 논문 구성의 전반을 다루고 있다. 학술 논문의 구성요소와 근거이론 방법 연구 논문의 구성에 관해 개관적으로 다루고 있다. 2장에서는 근거이론 방법에 적합한 연구주제에 관해 다루고 있다. 연구주제 선정을 위한 전제는 무엇이며, 구체적으로 적합한 연구주제는 무엇인지에 관해 살펴보았다. 3장에서는 연구의 필요성 및 목적에 관해 다루고 있다. 연구의 필요성 및 목적, 연구문제를 작성하는 방법에 관해 다루고 있으며, 샘플 논문을 통해 이에 대한 이해를 돕고자 하였다. 4장에서는 문헌고찰에 관해 다루고 있다. 문헌고찰의 필요성과 작성 방법에 관해 다루고 있으며, 샘플 논문을 통해 이에 대한 이해를 돕고자 하였다. 5장에서는 연구방법에 관해 다루고 있다. 연구 설계, 연구 참여자, 자료 수집, 자료 분석, 연구의 엄격성 등에 관해 다루고 있으며, 샘플 논문을 통해 이에 대한 이해를 돕고자 하였다. 6장에서는 연구결과에 관해 다루고 있다. 연구결과 작성 방법에 관해 다루고 있으며, 샘플 논문을 통해 이에 대한 이해를 돕고자 하였다. 7장에서는 논의, 결론에 관해 다루고 있다. 논의, 결론 작성 방법에 관해 다루고 있으며, 샘플 논문을 통해 이에 대한 이해를 돕고자 하였다.

이 책이 근거이론 방법의 모든 것을 설명하고 있다고 말할 수 없으며, 여기에서 소개되는 방법도 많은 근거이론 방법들 중 하나의 버전에 지나지 않는다. 다만 이 책을 통해 실제 논문을 작성하는 독자들에게 조금이나마 도움이 되길 바란다. 이 책이 나오기까지 많은 도움을 주신 박영사/박영스토리 안상준, 노현, 배근하, 이혜미 님과 대학원 질적 연구 심화 수강생들께 깊은 감사를 드린다.

2022년 1월/2026년 1월

유기웅

목 차

1

Grounded Theory: A New Systematic Approach

근거이론 방법을 활용한 논문의 구성

01 Summary
근거이론 방법을 활용한 논문의 구성

이 장에서는 학술 논문에 어떤 요소와 내용을 포함해야 하는지에 관해 소개하고, 근거이론 방법 연구 논문의 구성에 관해 설명한다. 저널 아티클과 학위논문의 구성은 서론, 문헌고찰, 연구방법, 연구결과, 논의의 다섯 가지 섹션으로 이루어지는 것이 일반적이라고 볼 수 있다. 근거이론 방법 연구 논문의 구성도 일반 저널 아티클 또는 학위논문의 구성과 크게 다르지 않다. 다만 질적 연구방법이라는 특징에서 비롯되는 논문 구성의 유연성과 문헌고찰에 관한 상이한 의견이 있다는 점이 특이점이다.

01 | 학술 논문의 구성요소

학술 논문에 어떤 요소와 내용을 포함해야 하는지에 관해 다양한 의견이 있을 수 있다. 학문 및 논문의 유형이 다양하고 저자가 소속된 기관 또는 발행 기관에 따라서 다를 수 있기 때문이다. 이 책에서는 주로 전문 학술지 논문(academic journal articles)과 석·박사 학위논문(master's thesis, doctoral dissertation)을 중심으로 논문의 구조와 포함해야 할 요소에 관해 살펴보기로 한다.

미국심리학회(American Psychological Association, 이하 APA)에서는 학술 저널 아티클에 포함해야 할 최소한의 구조와 요소를 안내하는 지침인 JARS(journal article reporting standards)를 개발하여 제공하고 있다(APA, 2020). JARS에서는 크게 양적 연구(quantitative research)와 질적 연구(qualitative research)로 구분하여 내용을 제시하고 있는데, 여기에서는 질적 연구에 한해서 살펴보도록 한다. 질적 연구방법으로 작성된 저널 아티클은 다음과 같은 구성요소를 포함한다.

- 타이틀 페이지(title page) – 논문 제목, 저자/저자 노트, 초록
- 서론(introduction) – 관련 문헌에 대한 고찰, 연구 목적, 연구 문제
- 방법(method) – 연구 설계, 연구 참여자, 자료 수집, 자료 분석 등

- 결과(findings/results) – 결과 기술
- 논의(discussion) – 학술적 해석, 시사점, 제언 등

JARS에서 제시하고 있는 이러한 구성요소는 최소한의 기준이며, 학술지마다 다를 수 있다. 서론과 연구방법 섹션 사이에 이론적 배경(theoretical background), 이론적 틀(theoretical framework), 또는 문헌고찰(literature review) 섹션이 위치하는 경우가 많으며, 논의와 결론(conclusion)을 구분하여 제시하기도 한다.

학위논문의 경우에는 학위수여기관에서 정한 논문 작성양식과 지침에 따르는 것이 일반적이다. 국내·외 교육기관에서 발행된 석·박사 학위논문은 JARS에서 정한 최소한의 구성요소를 모두 포함하고 있는 것으로 나타났으며, 학술 저널에서와 마찬가지로 서론과 연구방법 섹션 사이에 이론적 배경(theoretical background), 이론적 틀(theoretical framework), 또는 문헌고찰(literature review) 섹션이 위치하는 경우가 대부분이다.

- 서론(introduction) – 연구의 필요성 및 목적, 연구 문제
- 문헌고찰(literature review) – 선행 연구 고찰, 이론적 배경
- 연구방법(methods) – 연구 설계, 연구 참여자, 자료 수집, 자료 분석 등
- 연구결과(findings/results) – 결과 기술
- 논의(discussion)/결론(conclusions) – 요약, 학술적 해석, 결론, 시사점, 제언 등

요컨대, 저널 아티클과 학위논문의 구성은 서론, 문헌고찰, 연구방법, 연구결과, 논의의 다섯 가지 섹션으로 이루어지는 것이 일반적이라고 볼 수 있다. 물론,

학위수여기관마다 사용하는 용어가 다를 수 있고, 연구에 따라 구성을 다르게 할 수 있다. 예를 들어, 문헌고찰 섹션을 이론적 배경으로, 논의 섹션을 결론 또는 논의 및 결론으로, 그리고 연구결과가 복수의 장(chapter)으로 이루어지게 작성하기도 한다. 여기에서는 근거이론 방법 연구에 한해 이 다섯 가지 구성요소에 관해 보다 구체적으로 알아보도록 한다.

02 | 근거이론 방법 연구 논문의 구성

근거이론 방법 연구 논문의 구성도 저널 아티클 또는 학위논문의 구성과 크게 다르지 않다. 다만 질적 연구방법이라는 특징에서 비롯되는 논문 구성의 유연성과 문헌고찰에 관한 상이한 의견이 있다는 점이다. 여기에서는 논문 구성에 초점을 두었으며, 각 구성요소에 대한 상세한 내용은 별도의 챕터(제3~7장)에서 다루도록 한다.

서론

서론에서는 연구가 다루고 있는 주제에 대한 배경과 중요성을 설명하고, 왜 연구가 필요한지에 관해 필요성을 논리적으로 제시하여 마침내 연구의 목적과 연구문제를 제기한다. 근거이론 방법에서는 연구 참여자가 경험한 어떠한 사건, 현상에 대한 심층적 이해를 바탕으로 이 사건 또는 현상을 체계적으로 설명할 수 있는 이론을 생성하는 것을 목적으로 한다. 따라서 연구가 다루고 있는 사건 또는 현상에 대한 배경과 중요성을 설명하고, 그동안 이 주제에 관해 어떻게 연구가 이루어져 왔는지, 주요 연구들이 밝혀낸 바는 무엇인지, 무엇을 밝혀내지 못했는지에 대해 근거를 제시하고 논리적으로 필요성을 제시하도록 작성하는 것이 좋다. 무엇보다도 다루고 있는 사건 또는 현상에 대한 심층적인 이해가 필요하다는 점 그리고 이를 체계적으로 설명할 수 있는 이론을 생성해야 하는 이유를 논리적으로 밝히는 것이 중요하다.

저널 아티클의 경우 해당 저널의 논문작성 양식에 맞게 구성하면 된다. 서론 섹션 내에 하위 섹션 구분 없이 통으로 구성할 수도 있으며, 해당 학술지가 제시하고 있는 주어진 틀에 따라 하위 섹션을 구분하여 구성할 수도 있다. 문헌고찰/이론적 배경 섹션을 별도로 두지 않는 학술지의 경우, 서론에서 이론적 배경에 대한 설명 또는 핵심적인 문헌에 대한 리뷰를 할 수도 있다.

학위논문의 경우에도 학위수여기관의 학위논문 작성양식에 맞게 구성하면 된다. 저널 아티클과 마찬가지로 서론 내 하위 섹션 없이 통으로 구성하기도 하지만, 연구의 필요성 및 목적, 연구문제 섹션을 하위 구성요소로 구분하여 제시하기도 한다.

서론의 구성요소

- 연구주제에 대한 배경, 중요성
- 연구의 필요성
- 연구의 목적
- 연구문제

문헌고찰

문헌고찰 섹션에서는 연구주제에서 다루고 있는 사건, 현상에 주목하여 다루고 있는 개념을 명확히 하고, 관련 이론과 선행연구들에 관한 심층적인 리뷰를 하도록 구성한다. 여기에서 말하는 리뷰(review)란 단순히 기존 이론이나 선행연구를 요약하여 나열하듯이 설명하는 것이 아니라, 연구자가 해당 내용을 완전히 이해하고 소화한 바를 설명하고 논하는 것을 의미한다.

근거이론 방법을 활용한 연구에서 문헌고찰에 관한 다양한 의견이 있다. 문헌고찰을 사전에 실시하지 않는 것이 좋다는 의견과 오히려 분석과 이론 생성에 도움을 줄 수 있다는 의견이다. 첫째, 저널 아티클의 경우 해당 저널의 논문작성 양식에 맞게 구성하면 된다. 작성양식에 문헌고찰 섹션이 있으면 포함시키고, 그렇지 않으면 문헌고찰 섹션 없이 서론에서 핵심적인 내용을 설명하고 바로 연구방법 섹션이 오도록 구성한다.

둘째, 학위논문의 경우에도 학위수여기관의 논문 작성양식에 따르면 된다. 대부분의 학위논문에서는 문헌고찰 섹션을 별도의 장(chapter)으로 구성하여 관련 이론과 선행연구들을 심층적으로 고찰한다.

셋째, 근거이론 방법의 특정 원리나 접근방법에 따라 문헌고찰 포함 여부를 결정할 수도 있다. 예를 들어, Glaser 방법의 경우 별도의 문헌고찰 섹션을 두지 않고, 서론 또는 결과에 대한 논의를 진행하는 부분에서 기존 이론 또는 선행연구들과 연관지어 논의하기도 한다.

문헌고찰 섹션을 별도로 구성하는 것이 옳은 것인지 아닌지에 관한 다양한 의견이 있을 수 있다. 더 중요한 것은 학술 논문에서 다루고 있는 주제, 사건, 또는 현상은 분명히 기존 이론 또는 선행연구와 연관이 되어 있으며, 연관되어야 한다. 기존 이론과 선행연구에 관한 아무런 설명 없이 연구의 필요성을 제기하고 연구결과를 제시하는 것은 다양한 수준의 논문 독자들에게 그리 친절하지 않은 구성이다. 무엇보다도 모든 연구자가 해당 주제에 관해 풍부한 통찰력과 전문성을 가지고 있는 것은 아니다. 문헌에 대한 고찰 없이 연구자의 내부 통찰력만으로 범주를 도출하고 이론을 생성한다는 것은 쉽지 않아 보인다.

문헌고찰의 구성요소

- 연구주제 관련 이론에 관한 논의
- 연구주제 관련 선행연구에 관한 논의
- 연구에서 다루고 있는 개념들의 명확화

연구방법

연구방법에서는 연구의 목적을 달성하고 연구문제를 해결하는 데 적합한 연구방법에 관해 설명하는 섹션이다. 이 섹션에서는 대개 연구 설계, 연구 참여자, 자료 수집, 자료 분석, 윤리성, 타당성, 신뢰성 등에 관해 설명하는 하위 섹션으로 구분된다.

첫째, 연구 설계에서는 질적 연구방법과 근거이론 방법에 관한 핵심적인 설명과 수행하고자 하는 연구의 목적을 달성하고 연구문제를 해결하는 데 근거이론 방법이 왜 적합한 방법인지에 관해 설명한다. 별도의 연구 설계라는 하위 섹션으로 구분하지 않고 기술하는 경우가 대부분이나, 질적 연구와 근거이론 방법에 관해 보다 심층적인 설명이 필요할 경우에는 하위 섹션으로 구분하여 구성할 수도 있다.

둘째, 연구 참여자 섹션이다. 여기에서는 연구 참여자 선정 원리, 선정 기준, 기간 등에 관해 설명하고, 주제와 관련 있는 연구 참여자의 주요 정보와 특징에 관해 설명한다. 근거이론 방법에서는 원래 연구 참여자 수를 미리 정하지 않으며, 몇 명이 연구를 수행하는 데 있어 적당한지에 대해서도 다양한 의견이 있다. 근거이론 방법에서는 이론적 표집(theoretical sampling)과 이론적 포화(theoretical saturation) 원리에 의해 연구 참여자를 선정하게 된다. 종종 각각의 연구 참여자에 관해 한 문단 정도로 기술을 하기도 한다. 학위논문의 경우 연구자가 연구 참여자에게 제공했던 연구 참여 동의서 샘플을 부록에 제시하며, 저널 아티클에서는 본문에서 간단하게 설명한다.

셋째, 자료 수집에 관해 설명한다. 자료 수집의 방법, 절차, 기간 등에 관해 구체적으로 설명한다. 근거이론 방법에서는 인터뷰, 관찰, 문서 등의 방법으로 자료를 수집하게 되며, 인터뷰가 주요한 자료 수집 방법으로 널리 활용된다. 인터뷰의 경우 인터뷰의 유형, 인터뷰 절차, 인터뷰 기간 등에 관해 기술한다. 학위논문의 경우 인터뷰를 위한 인터뷰 가이드 또는 질문지 등은 부록 섹션에서 제시하기도 하며, 저널 아티클에서는 간단하게 본문에서 설명하거나 생략할 수도 있다.

넷째, 자료 분석이다. 수집한 자료를 어떤 원리와 절차에 따라 분석했는지에 관해 구체적으로 설명하게 된다. 근거이론 방법에서는 반복적 비교분석(constant comparison)의 원리에 따라 자료를 분석하고 단계별 코딩에 따라 이론을 생성해간다. 하지만 근거이론 방법의 특정 원리나 접근방법에 따라 분석의 절차가 달라질 수 있다. 크게 Glaser 방법과 Strauss 방법으로 구분할 수 있는데, Glaser 방법에서는 개방 코딩, 선택 코딩, 이론 코딩 절차로, Strauss 방법에서는 개방 코딩, 축 코딩, 선택 코딩 단계로 분석이 진행된다.

다섯째, 연구의 윤리성, 타당성, 신뢰성을 기술한다. 근거이론 방법에서는 윤리성, 타당성, 신뢰성을 높이기 위한 절차와 전략 등에 관해 설명함으로써 연구의 엄격성(rigorousness)을 확보한다.

연구방법의 구성요소

- 질적 연구방법, 근거이론 방법의 적절성
- 연구 참여자
- 자료 수집
- 자료 분석
- 연구의 엄격성(윤리성, 타당성, 신뢰성)

연구결과

연구결과(findings)에서는 연구방법에 따라 진행된 결과를 기술하는 섹션이다. 근거이론 방법에서 제시한 분석 절차에 따라 진행한 단계별 코딩의 결과를 풍부하고 심층적(rich and thick)으로 기술한다.

단계별로 분석이 진행되어 연구결과 섹션에 기술하게 되는 분량이 상당히 많은 편이다. 저널 아티클의 경우 한정된 지면 사정상 특정 단계에서의 상세한 결과 기술은 생략하는 경우도 있지만, 생성되는 이론에 관해서는 상세하게 설명하도록 한다. 근거이론 방법의 특정 원리나 접근방법에 따라 단계별 분석 절차가 다르기 때문에, 연구결과를 제시하는 것도 다를 수밖에 없다. Strauss 방법을 예로 든다면, 개방 코딩 단계에서는 생성된 범주를 제시하고 각 범주에 대해 설명한다. 축 코딩 단계에서는 개방 코딩에서 생성된 범주들 간의 관계를 일정한 틀(frame)에 따라 분석한 결과를 기술한다. 선택 코딩 단계에서는 개방 코딩과 축 코딩의 결과를 토대로 핵심 범주를 선택하고 분석한 결과를 통합하여 이론을 제시한다.

연구결과의 구성요소

- 단계별 코딩 결과에 대한 풍부하고 심층적인 기술
- 생성되는 이론에 대한 설명

논의/결론

논의/결론에서는 연구결과에 대한 학술적 해석, 시사점, 제언, 결론 등을 제시하는 섹션이다. 이 섹션은 주로 논의, 결론, 시사점, 제언 등의 하위 섹션으로 구분된다. 종종 간단하게 연구를 요약(summary)하면서 챕터를 시작하기도 한다.

첫째, 논의(discussion)는 연구결과를 학술적으로 어떻게 해석할 수 있을지에 관한 논리적이고 학술적인 설명을 담고 있는 섹션이다. 연구주제와 연관된 기존 이론 또는 선행연구 결과와 연관지어 연구의 결과를 독자들에게 설명해주는 식으로 기술한다. 연구결과에 대한 '독자들과의 학술적 대화'라고 할 수 있다. 생성된 이론을 학술적으로 어떻게 해석할 수 있을지에 관한 논의라고 할 수 있다. 일부 학위논문의 경우 연구결과 섹션의 후반부에 논의를 제시하기도 한다.

둘째, 시사점 또는 함의(implication)이다. 이 연구의 결과가 관련 이론, 실천, 정책 등에 어떤 중요한 의미가 있느냐를 설명하는 부분이다. 경우에 따라서는 별도의 섹션 구분 없이 논의 또는 결론 섹션에서 제시하기도 한다.

셋째, 연구의 제한점 및 후속연구를 위한 제언(recommendation)이다. 이 섹션에서는 주로 연구의 결과를 되돌아보고, 앞으로 진행될 후속연구를 위해 제안을 제시한다. 시사점 섹션과 마찬가지로 별도의 섹션 구분 없이 논의 섹션에 포함하여 제시하기도 한다.

넷째, 결론(conclusion)에서는 연구결과와 논의를 바탕으로 연구자가 주장하는 바를 제시한다. 경우에 따라서는 별도의 섹션으로 구분하지 않고 논의 섹션에서 포함하여 제시하기도 한다.

논의/결론의 구성요소

- 논의
- 시사점/함의
- 연구의 제한점 및 후속 연구를 위한 제언
- 결론

저널 아티클의 경우 논의 또는 논의 및 결론 섹션에서 별도의 하위 섹션 구분 없이 기술되는 경우가 대부분이며, 학위논문의 경우 별도의 하위 섹션을 구분하여 제시하기도 한다. 학위논문의 경우에는 요약(summary) 섹션을 포함하기도 한다. 해당 저널 또는 학위논문 논문작성 양식에 맞게 구성하는 것이 좋다.

참고문헌
Reference

American Psychological Association (2020). *Publication manual of the American Psychological Association* (7th ed). American Psychological Association.

2

Grounded Theory: A New Systematic Approach

근거이론 방법에 적합한 연구주제

02 Summary

근거이론 방법에 적합한 연구주제

근거이론 방법을 활용하여 연구를 진행하기 위해서는 먼저 근거이론 방법에 적합한 연구주제 선정이 필요하다. 근거이론 방법에 적합한 연구주제 선정을 위해 근거이론이 바탕을 두고 있는 존재론적·인식론적 관점, 상징적 상호작용주의 관점, 그리고 생성되는 이론에 관한 이해가 필요하다. 근거이론 방법에 적합한 연구주제는 잘 알려지지 않은 현상, 복잡다단한 현상, 과정적 경험 궤적이 있는 현상, 그리고 실체적인 중간 범위 현상 등으로 요약된다.

01 | 연구주제 선정을 위한 전제

근거이론 방법을 활용하여 연구를 진행하기 위해서는 먼저 근거이론 방법에 적합한 연구주제 선정이 필요하다. 연구주제를 선정하기에 앞서 다음의 몇 가지 사항을 살펴볼 필요가 있다.

존재론적·인식론적 관점

근거이론 방법에 적합한 주제를 선정하기 위해 첫 번째로 고려해야 할 사항은 연구방법론과 관련된 연구자의 존재론적 및 인식론적 관점이다. 연구방법론은 존재론(ontology)적 관점과 인식론(epistemology)적 관점과 깊은 연관이 있다. 본래 연구(research)는 자연과 사회에 존재하는 지식, 사건, 현상 등에 관해 체계적이고 과학적으로 접근하여 사실을 발견하거나 확인하여 이치를 명확히 밝히는 데 그 목적을 두고 있다. 존재론은 자연과 사회 현상 실재와 본질에 관한 철학적 관점을 논의하는 분야로, 현실을 어떻게 인식하는지, 존재와 삶의 의미는 무엇인지, 존재하는 것의 본질은 무엇인지 등에 관한 특정한 관점을 반영한다. 연구자의 존재론적 관점에 따라 세계를 바라보는 관점이 달라질 수 있게 된다. 이러한 연구자의 존재론적 관점은 자연과 사회 현상을 어떻게 탐구해야 하는지에 관한 인식론적 관점과 연관되어 있다(전미양, 문현경, 2017). 인식론은 지식에 관한 철학적 관점을 논의하는 분야로, 연구주제의 선정과 해당 주제를 어떠한 방법으로 연구할 것인지를 정당화하는 토대를 제공한다.

근거이론 방법을 포함한 질적 연구의 경우 연구자는 세계를 바라보는 관점이 보편적이고 절대불변하는 실재를 알 수 없는 세계로 가정하고, 실재는 세계를 경험하는 개인에 의해 구성된다는 관점을 취한다. 이러한 관점에서 연구자는 지식을 실재에 대한 개별적이고 상징적인 구성이며 객관적이지 않다는 입장으로 간주하고 연구를 진행하게 된다. 이러한 맥락에서 사회에서의 인간 행위는 자연 현상처럼 객관적으로 설명될 수 있는 것이 아닌, 행위자의 입장에서 이해하는 것이 중요하며, 같은 현상이라도 개개인에 따라 다르게 받아들여질 수 있다는 점을 전제로 한다.

요컨대, 근거이론 방법에 적합한 주제를 선정하는 데 있어, 연구자가 세계를 바라보는 관점과 자연과 사회 현상을 어떻게 탐구해야 하는지에 관한 인식론적 관점을 점검하고, 이러한 관점에 기반을 두어 주제를 선정하는 것이 좋다. 존재론적 관점과 인식론적 관점을 파악하는 것은 적절한 연구주제의 선정뿐만 아니라 해당 주제를 어떠한 방법으로 연구할 것인지를 정당화하는 토대를 제공하기 때문에 중요하다.

상징적 상호작용주의 관점

근거이론 방법에 적합한 주제를 선정하기 위해 두 번째로 고려해야 할 사항은 연구주제로서의 사회 현상, 사건, 경험, 행동 등을 인간의 사회적 행동의 본질적인 면에서 설명하고 있는 상징적 상호작용론적 관점의 적용에 있다. 사회학의 대표적인 이론 중 하나인 상징적 상호작용론(symbolic interactionism)은 근거이론의 인식론적 토대와 방법론적 지향성을 제공하는 핵심적인 접근방법이자 이론적 관점이다.

미국의 실용주의 철학에 바탕을 둔 상징적 상호작용론은 미국 시카고대학교의 철학자이자 사회심리학자인 George Herbert Mead(1863-1931)에 의해 이론적 토대가 만들어지게 되었으며, Mead의 후계자인 Herbert Blumer(1900-1987)에 의해 사회학의 대표적인 이론과 경험적 사회과학 방법론적 접근방법으로 정립되었다. 참고로 근거이론 방법의 창시자 중 한 명인 Anslem Strauss는 시카고대학교에서 Blumer로부터 상징적 상호작용론을 배웠으며, 질적 연구 및 근거이론의 방법론적 토대 형성에 영향을 미쳤다.

Blumer(1969)가 제시하고 있는 상징적 상호작용론의 기본 전제는 다음과 같다. 첫째, 사회는 상호작용하는 행위자들로 이루어져 있으며, 개인과 집단은 근본적으로 사회적 행동 안에 존재한다는 점이다. 둘째, 인간은 타인, 집단, 사회, 사건, 현상 등에 대하여 각자 지니고 있는 의미를 바탕으로 행동하고 상호작용하며, 이러한 상호작용으로부터 의미를 생성하고 해석한다는 것이다. 셋째, 인간의 이러한 사회적 행동과 집단적 생활은 사회나 집단의 구성원으로서 상호작용을 통해 연합행동을 형성해 나간다는 것이다.

상징적 상호작용론은 사회 현상을 이해하는 데 도움을 주는 사회학의 이론이자 인간의 사회적 행동과 경험적인 세계를 탐구할 수 있는 방법론적인 토대를 제공하는 관점으로도 이해할 수 있다. Blumer(1969)는 이러한 관점을 '상징적 상호작용론의 방법론적 지향점'이라고 설명하였다. 상징적 상호작용론의 방법론적 지향점의 몇 가지 특징은 다음과 같이 정리할 수 있다. 첫째, 개인의 행위와 사회적 행위에 관한 연구는 현실, 즉 경험 세계로 돌아가서 접근해야 한다는 점이다. 예를 들어, 청소년들의 학교폭력에 관한 연구를 한다면, 학교폭력이라는 현상을 이해하기 위해 폭력을 경험하고 있는 청소년들의 실제 학교 현장으로 들어가야 한다는 것이다.

둘째, 인간의 이러한 경험 세계를 올바르게 탐구하기 위해서는 현지 조사, 관찰, 면담, 문서 등을 활용해야 한다는 점이다. 즉, 경험 세계를 정확하게 탐구하기 위해서는 실제로 어떻게 행동하는지, 왜 그렇게 행동하는지, 어떠한 의미로 해석하고 행동하는지, 어떠한 의미를 상대에게 주고 있는지를 행위자의 관점에서 이해하려는 노력이 필요하다는 것이다. 이러한 인간의 경험 세계를 이해하기 위해서 Blumer는 질문지, 검사, 실험실 연구 등과 같은 계량적인 방법이 아닌 질적 연구방법을 채택해야 한다는 점을 강조하였다.

이와 같은 영향은 근거이론 방법을 수행하는 데 있어 이론적인 토대를 제공하고 있는데, Strauss와 Corbin(1998)의 『Basics of Qualitative Research: Techniques and Procedures for Developing Grounded Theory』에서 근거이론 방법의 전제를 상징적 상호작용론에 토대를 두고 설명하고 있으며, 주요 내용은 다음과 같다.

- 인간은 의미에 기초하여 행동함
- 의미는 상호작용을 통해 정의되고 재정의됨

- 연구자는 사회 현상 및 인간 행위의 복잡성과 다양성을 고려해야 함
- 연구자는 사건, 사건의 과정과 본질에 대해 민감성을 지녀야 함
- 연구자는 조건, 행위, 결과 사이의 상호관계를 분석해야 함
- 연구자는 현장에 직접 나가 사건, 현상을 발견해야 함

근거이론 방법은 연구수행을 위한 단순한 기법(technique)이나 방법(method) 수준이 아닌 하나의 연구방법론(methodology)으로서 상징적 상호작용론에 철학적 토대를 두고 있다(Harding, 1987; Milliken & Schreiber, 2001). Milliken과 Schreiber(2001, p. 188)는 상징적 상호작용론과 근거이론과의 관계에 관해 [그림 1]과 같이 설명하고 있다. Milliken과 Schreiber는 방법론, 방법, 기법 등의 개념을 명확히 구분하였는데, 근거이론의 인식론은 상징적 상호작용론에 뿌리를 두고 있는 하나의 방법론임을 강조하였다. 즉, 근거이론은 하나의 방법론(methodology)으로서 상징적

그림 1 상징적 상호작용론과 근거이론 간의 관계

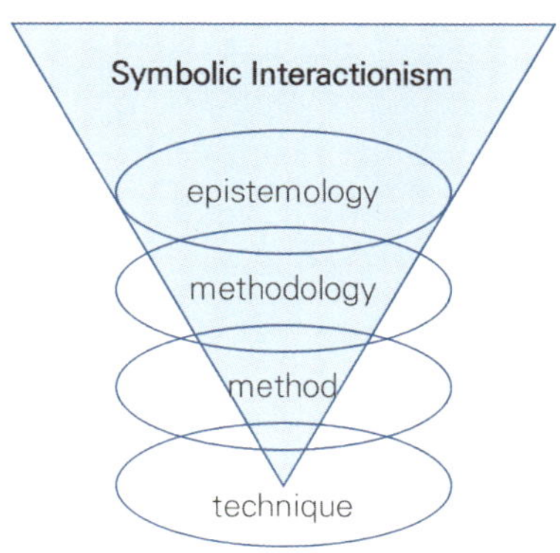

출처: Milliken & Schreiber(2001), p. 188.

상호작용론의 철학적 정당성을 확보하고 있다는 것이다. 방법(method) 수준에서는 자료 분석에서 활용하고 있는 반복적 비교분석(constant comparison)이 해당하며, 그리고 기법(technique) 수준에서는 이론적 표집, 메모하기, 자료 수집(인터뷰, 관찰, 문서 등), 분석을 위한 코딩 작업 등이 해당한다(Milliken & Schreiber, 2001).

요컨대, 방법론으로서 근거이론 방법은 인식론적 관점, 방법, 기법 등이 상징적 상호작용론으로부터 유도된다. 근거이론 방법은 질적 연구의 다양한 접근방법 중 하나로서 상징적 상호작용론에 인식론적 토대를 두고 있고, 본질적으로 상징적 상호작용론과 결합되어 있다. 근거이론 방법을 연구하는 일부 학자들 사이에서는 근거이론 방법을 상징적 상호작용론에 토대를 두고 있지 않더라도 수행할 수 있다고 주장하지만(Glaser, 1998), 이와 같은 접근은 근거이론 방법을 질적 연구와 근거이론 방법의 인식론적 지향성을 고려하지 않은 하나의 방법이나 기법 정도로만 간주하여 연구에 적용하고 있다고 볼 수 있다.

생성되는 이론

근거이론 방법에 적합한 주제를 선정하기 위해 세 번째로 고려해야 할 사항은 근거이론 방법을 통해 생성되는 이론에 관한 이해이다. 근거이론 방법은 현실에 존재하는 사건, 현상 등으로부터 수집된 자료에 근거(grounded)를 두어 이론이 출현하도록(emerging) 하는 체계적인 지침이자 방법론적 체계이다.

근거이론의 창시자인 Glaser와 Strauss(1967)는 『The Discovery of Grounded Theory: Strategies for Qualitative Research』에서 기존의 연구가 가설을 설정하

고 연역적 방법을 통해 기존의 이론을 검증하는 데 지나치게 치중하고 있다는 점에 문제를 제기하고 이론 생성 연구의 중요성, 특히 질적 데이터에 기반한 이론 생성에 관해 다음과 같이 설명하고 있다.

- 학문은 본래 새로운 이론을 생성하는 것에 더 큰 가치를 두어야 함
- 사회생활의 많은 분야를 다루는 이론이 턱없이 부족한 실정
- 유용한 이론을 생성하는 데는 '천재'가 필요하지 않음
- 해당 학문 분야에서 최고의 상은 '이론 검증'이 아니라 '이론 생성'을 한 사람에게 수여해야 함
- 기존 이론을 검증하도록 훈련받는 학생 지도는 옳지 않으며, 이런 방식으로 진행되는 논문 지도는 학생들의 능력과 창의성을 제한하고 있음
- 사회학 이론의 핵심 요소는 구조적 조건, 결과, 일탈, 규범, 과정, 양상, 체계 등의 질적 데이터에서 잘 발견됨
- 질적 연구를 통해 사회의 실질적인 분야와 관련된 연구 결과물을 얻는 데 도움
- 질적 연구는 경험적 상황의 어려움에서 필요한 정보와 내용을 얻을 수 있는 가장 적절하고 효율적인 방법임

일반적으로 이론은 어떠한 사건, 현상에 대해 체계적이고, 타당하고, 유용하고, 예측 가능한 설명을 제공하는 논리적 체계를 의미한다. 근거이론 방법을 통해 이론을 생성한다는 것은 어떠한 사건이나 현상에 대해 경험적 자료에 근거하여 추상성이 높은 개념을 만들고, 이 개념 간의 관계를 분석하여 설명력과 예측력이

통합된 하나의 논리적 체계를 만들어내는 것이다.

이론의 종류 또는 유형에 관해서는 학문 분야에 따라 다르게 설정하고 있다. 예를 들어, 추상성 또는 이론의 적용 범위의 정도에 따라 일반 이론(general theory), 거대 이론(grand theory), 중범위 이론(middle－range theory), 실천적 수준 이론(practice－level theory) 등으로 구분하기도 한다. 여기에서는 Glaser와 Strauss(1967)가 근거이론을 통하여 어떤 이론이 생성되는가(what theory is generated)에 관한 논의를 바탕으로 설명하고자 한다.

Glaser와 Strauss(1967)는 사회학 분야에서 데이터로부터 이론을 생성해내는 방법론이 결여되어 있다는 점을 지적하고, 비교분석(comparative analysis)을 통해 실체 이론(substantive theory)과 포멀 이론(formal theory)을 생성할 수 있다는 점을 강조하였다. 지속적인 비교분석을 통해 일반적으로 이론의 구성요소가 되는 개념과 범주를 생성하고 이들의 특징을 설명할 수 있게 되어 이론 생성의 방법으로 활용될 수 있다는 것이다. Glaser와 Strauss(1967)에 따르면, 실체 이론은 예를 들어, 환자 관리, 인종 관계, 전문성 개발, 청소년 비행 등 실질적이거나 경험적인 사회학 탐구 분야를 위해 개발된 이론을 의미한다. 실체 이론에서 생성되는 이론은 현실에서 주어진 맥락적 상황을 강하게 반영하며, 추상성과 대표성이 포멀 이론과 거대 이론보다 상대적으로 낮다. 실체 이론은 축적적이고 변화 가능하며, 지속적으로 확장되거나 수정될 수 있다는 특징이 있다.

포멀 이론은 예를 들어, 사회화, 권위와 권력, 사회적 이동성 등 형식화되거나 개념적인 사회학 탐구 분야를 위해 개발된 이론을 의미한다. 현실의 맥락적 상황을 넘어, 실체 이론에서 다루는 탐구 주제보다는 일반성과 추상성이 크며 다루는 개념의 범위가 넓다는 특징이 있다. 주로 이미 개발된 실체 이론을 토대로 연구가 시작되어 이론이 개발되기도 한다.

실체 이론과 포멀 이론은 모두 중간 범위(middle-range)로 간주되는데, 일상 생활의 작은 작업가설(minor working hypotheses)과 모든 것을 포함하는 거대 이론 사이에 위치한다(Glaser & Strauss, 1967). 따라서 근거이론에서 생성되는 이론은 실체적인 중간 범위 이론이라고 할 수 있다. Glaser와 Strauss(1967)는 근거이론 방법을 통해 포멀 이론까지 생성할 수 있다고 주장하고 있으나, 대부분의 경우 실체적이고 구체적인 영역에 한정된 문제를 설명하는 실체 이론이다(Charmaz, 2006; Merriam, 2009; Upquhart, 2013).

요컨대, 연구자는 어떤 이론을 생성할 것인가에 관한 고려를 통해 근거이론 방법에 적합한 연구주제를 선정해야 한다. 근거이론 방법은 현실의 주어진 맥락적 상황을 반영하는 실체 이론 생성에 보다 적합하다. 따라서 근거이론 방법에 적합한 연구주제는 실체적이고 구체적인 영역을 반영하는 사건 또는 현상에서 발굴하는 것이 좋다.

02 | 적합한 연구주제

근거이론 방법에 적합한 연구주제 선정을 위해 근거이론이 바탕을 두고 있는 존재론적·인식론적 관점, 상징적 상호작용주의 관점, 그리고 생성되는 이론에 관한 이해가 필요하다. 무엇보다 이러한 전제들과 연구주제 간에 정렬(alignment)이 되는 것이 중요하다. 근거이론 방법에 적합한 연구주제를 선정하는 데 있어 다음과 같은 사항을 고려하는 것이 필요하다.

잘 알려지지 않은 현상

근거이론에 적합한 주제는 첫째, 연구주제에 관해 알려진 것이 많이 없으며, 해당 사건 또는 현상에 대해 체계적이고, 타당하고, 유용하고, 예측 가능한 설명을 제공하는 논리적 체계인 이론 생성이 필요한 경우이다.

한 사회의 구성원으로 인간은 사회의 다른 구성원들과의 상호작용을 통해 의미를 주고받으며 행동한다. 이러한 사회구성원들이 특정한 사회 또는 맥락에서 겪게 되는 경험은 역사, 문화, 사회의 정치, 경제, 교육, 의료 등의 구조, 체계와 연관되어 있다. 즉 행위자의 관점에서 특정 사회에서 겪게 되는 다양한 사건과 현상을 이해한다는 것은 다양한 연구 분야에서 다루고 있는 주제와 관련 있게 마련이다.

지금까지 많은 연구가 이루어져 왔지만, 끊임없이 변화하고 있는 사회의 다양한 현상을 설명하기 위한 이론은 턱없이 부족한 실정이다(Glaser & Strauss, 1967). 연구자가 관심 있어 하는 주제에 관해 알려진 것이 많이 없으며, 해당 사건 또는 현상에 대해 체계적이고, 타당하고, 유용하고, 예측 가능한 설명을 제공하는 이론 생성이 필요할 때 근거이론 방법이 적합할 수 있다.

복잡다단한 현상

근거이론에 적합한 주제는 둘째, 연구주제로서 다루고자 하는 사건 또는 현상이 복잡다단한 경우에 적합하다. 복잡다단(複雜多端)하다는 것은 어떤 일이 얽히고설켜 갈피를 잡기 어려운 것을 의미한다. 복잡하다는 것은 단순하다는 것의 반대 개념이며, 단순한(simple) 하위 구성요소들이 상호작용을 하며 얽혀 있어 혼잡하게 된 상태를 의미한다. 예컨대, 대개 마음이 복잡다단하다, 복잡다단한 사건, 복잡다단한 문제, 복잡다단한 관계, 복잡다단한 과정, 복잡다단한 사회 등으로 사용되고 있다.

근거이론 방법을 통해 연구자가 해결하려는 연구문제는 복잡다단한 사건 또는 현상이다. 단순한 사건 또는 현상은 연구라는 행위를 수행하지 않더라도 비교적 간단하게 이해할 수 있어 연구주제로서 적합하지 않기 때문이다. 그러나 이러한 단순한 사건 또는 현상들이 상호작용을 하여 어떠한 복잡한 체계를 구성하게

그림 2 • 단순한 현상 대 복잡다단한 현상

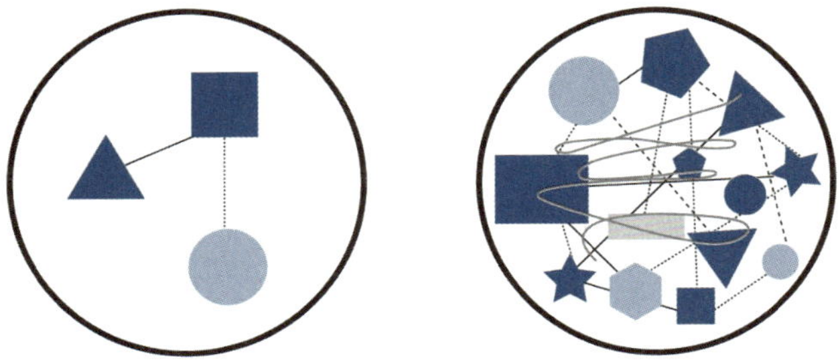

된다면, 해당 현상을 쉽게 이해하기에는 어려움이 있을 수 있다. 따라서 연구라는 행위, 특정한 방법 또는 체계적인 접근을 통해 해당 현상을 이해하려는 접근이 필요하다. 요컨대, 근거이론 방법에 적합한 연구주제는 복수의(multiple) 하위 구성요소들로 구성되어 있으며, 이들 하위 구성요소 간 상호작용을 하며 얽혀 있어 혼잡하게 된 사건 또는 현상이라고 볼 수 있다.

과정적 경험 궤적이 있는 현상

근거이론에 적합한 주제는 셋째, 연구주제로서 다루고자 하는 사건 또는 현상이 과정적 경험 궤적(trajectory)이 있는 경우에 적합하다. 여기에서 말하는 과정적 경험은 시간의 흐름에 따라 일정한 단계를 거치면서 변화하는 것을 의미한다. 경험의 궤적은 연구 참여자가 어떠한 사건 또는 현상(연구자가 초점을 두고 있는 중심 현상)을 경험한 자취 또는 흔적을 말하는 것으로, 연구 참여자가 상호작용을 통해 이루어 온 흔적의 모음을 의미한다. 따라서 과정적 경험 궤적이 있는 현상이란 연구 참여자가 경험한 자취 또는 흔적이 시간의 흐름에 따라 일정한 단계를 거치면서 변화하는 현상을 의미한다.

그림 3 Full trajectory 형태의 과정적 경험 궤적

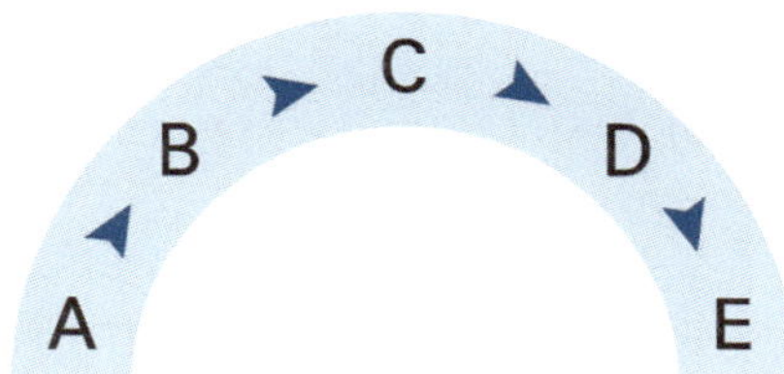

[그림 3]에서 A, B, C, D, E는 연구주제와 관련한 연구 참여자의 주요 경험 궤적을 가리킨다. 연구 참여자는 A, B, C, D, E라는 현상을 경험하게 되면서 A상태에서 E상태로의 변화를 경험하게 된다. 즉 A라는 경험궤적에서 발단되어, B, C, D를 거쳐 마침내 E라는 상태에 (잠정적)종료 상태에 다다르게 되었다는 것을 의미한다. 이는 단편적인 각각의 경험 궤적들로 구성된 하나의 완성된 경험 궤적(full trajectory)을 의미한다. 또한, 각각의 경험 궤적들은 동떨어지고 아무렇게나 나열되어 있는 것이 아니라 서로 긴밀한 관계를 이루고 있다.

요컨대, 근거이론에 적합한 주제는 연구 참여자가 경험한 사건 또는 현상이 과정적 경험 궤적이 있는 것으로서, 연구 참여자가 연구 주제와 관련하여 경험한 자취 또는 흔적을 시간의 흐름에 따라 일정한 단계를 거치면서 변화하는 특성이 있는 것이다. 단순히 다수의 단편적인 현상들의 모음이 아닌, 각각의 경험 궤적들이 하나의 full trajectory를 구성하고 있는 현상이라는 점에 주목해야 한다.

실체적인 중간 범위 현상

근거이론에 적합한 주제는 넷째, 연구주제로서 다루고 있는 현상의 범위가 실체적인 중간 범위 현상(substantive middle-range phenomenon)이라는 점이다. 여기에서 말하는 중간 범위 현상이란 연구주제로서 다루고자 하는 현상의 범위가 너무 광범위(wide-range)하거나 좁은 범위(narrow-range)가 아닌 중간 범위 정도를 의미한다.

근거이론 방법의 연구주제로서 적합하지 않은 광범위한 현상은 가령, '역사적 유물론적 관점에서의 저소득층의 인생에 관한 연구'라고 했을 때, 일반적으로 역사적 유물론은 거대 이론으로 간주되며, 저소득층의 인생이라는 현상은 그 대상과 범위가 워낙 넓고 다양하여 초점을 어디에 두느냐에 따라 달라질 수 있다. 또한 '인생에 관한 연구'에서 '인생'은 실체성이 모호한 현상에 해당한다.

한편, 현상의 범위가 너무 좁아 연구주제로서 적절하지 않은 주제는 '청소년의 B형 간염 예방접종 경험'이라고 가정했을 때, 'B형 간염 예방접종'이라는 현상 자체의 범위가 연구주제로서 너무 작고 단편적인 현상에 불과하다는 점이다. 즉, 일정한 단계를 거치면서 변화하는 현상이라기보다는 하나의 단편적인 이벤트에 지나지 않아 연구주제로서는 적합하지 않다. 요컨대, 연구자가 초점을 두고 있는 중심현상의 범위가 너무 광범위하거나 반대로 너무 작은 범위는 근거이론 연구의 주제로서 적합하지 않다.

적합한 연구주제 예

근거이론 방법을 활용하여 작성된 몇 개의 논문들을 통해 지금까지 주제 선정과 관련된 사항을 정리하도록 한다.

- 『독립근로자의 포트폴리오 경력개발과정 탐색』에서 연구자(신경주, 2022)가 초점을 두고 있는 중심현상은 독립근로자의 '포트폴리오 경력개발 과정'이다. 첫째, 이 연구의 참여자와 이들이 경험하고 있는 포트폴리오 경력개발 과정은 잘 알려지지 않은 현상으로서, 연구를 통해 독립근로자들이 어떻게 그들의 포트폴리오 경력을 개발하는지에 관해 체계적이고, 유용한 설명을 제공하는 이론 생성이 필요하다는 점에서 적합한 주제라고 볼 수 있다. 둘째, 포트폴리오 경력개발 과정은 복수의(multiple) 하위 구성요소들로 구성되어 있으며, 이들 하위 구성요소 간 상호작용을 하며 얽혀 있어 혼잡하게 된 사건 또는 현상이라고 볼 수 있다. 셋째, 포트폴리오 경력개발의 과정은 과정적 경험 궤적이 있는 현상으로서, 독립근로자들이 경력개발 과정에서 경험한 자취 또는 흔적을 시간의 흐름에 따라 일정한 단계를 거치면서 변화하는 특성이 있다는 점에서 적합한 주제라고 볼 수 있다. 넷째, 연구주제로서 포트폴리오 경력개발과정은 거대 담론이거나 단편적이고 일회적인 이벤트성 현상은 아닌, 실체적이면서 중간 범위 정도의 현상으로 연구주제로서 적합하다고 볼 수 있다.

- 『지역사회 정신보건을 실천하는 정신건강의학과 전문의의 프로티언 경력개발 과정 탐색』에서 연구자(송정희, 2018)가 초점을 두고 있는 중심현상은 전문의의 '프로티언 경력개발 과정'이다. 첫째, 이 주제는 잘 알려지지 않은 현상으로서, 연구를

통해 정신건강의학과 전문의들이 어떻게 그들의 프로티언 경력을 개발하는지에 관해 체계적이고, 유용한 설명을 제공하는 이론 생성이 필요하다는 점에서 적합한 주제라고 볼 수 있다. 둘째, 프로티언 경력개발 과정은 복수의(multiple) 하위 구성요소들로 구성되어 있으며, 이들 하위 구성요소 간 상호작용을 하며 얽혀 있어 혼잡하게 된 사건 또는 현상이라고 볼 수 있다. 셋째, 프로티언 경력개발의 과정은 과정적 경험 궤적이 있는 것으로서, 정신건강의학과 전문의들이 경력개발 과정에서 경험한 자취 또는 흔적을 시간의 흐름에 따라 일정한 단계를 거치면서 변화하는 특성이 있다는 점에서 적합한 주제라고 볼 수 있다. 넷째, 연구주제로서 프로티언 경력개발과정은 거대 담론이거나 단편적이고 일회적인 이벤트성 현상은 아닌, 실체적이면서 중간 범위 정도의 현상으로 연구주제로서 적합하다고 볼 수 있다.

- 『치매노인을 돌보는 간호사의 경험 과정』에서 연구자(김미영, 2001)가 초점을 두고 있는 중심현상은 간호사의 '치매노인 간호 경험'이다. 첫째, 치매에 대한 사회적 관심이 높아지는 시기에 작성된 논문으로 간호학 분야에서 연구가 많이 진행되지 않은 주제로 간주된다. 또한, 연구 참여자들이 간호과정 중에 어떠한 경험을 겪게 되는지에 대한 체계적이고 유용한 설명을 제공하는 이론이 필요하다는 점에서 연구주제로서 적합하다고 볼 수 있다. 둘째, 치매노인 간호 경험 과정은 단순한 현상이라기보다는 여러 개의 하위요소로 이루어진 복잡다단한 현상이라는 점이다. 셋째, 이 연구에서 연구 참여자인 간호사들은 시간의 흐름에 따라 일정한 단계를 거치면서 변화하는 경험을 하게 된다는 점에서 과정적 경험 궤적이 존재하고 있다. 넷째, 간호 경험과정은 연구주제로서 거대 담론적 성격이거나 그렇다고 너무 단편적이고 일회적인 이벤트성 현상이 아닌 중간 범위 정도의 현상이다.

- 『결혼초기 부부의 적응과정에서 학습경험 탐색: 근거이론 접근』에서 연구자(김한별, 2012)가 초점을 두고 있는 중심현상은 '적응과정에서의 학습경험'이다. 첫째, 이 연구에서는 부부간의 적응과정에서 어떠한 학습을 경험하게 되는지에 관해 많이 알려지지 않은 현상을 주제로 진행되었다. 특히 연구 참여자들이 적응과정 중에 경험하게 되는 학습에 초점을 두어 체계적이고 유용한 설명을 제공하는 이론이 필요하다는 점에서 연구주제로서 적합하다고 볼 수 있다. 둘째, 적응과정 중에 일어나는 학습경험은 단순한 현상이라기보다는 여러 개의 하위요소로 이루어진 복잡다단한 현상이라는 점이다. 셋째, 이 연구에서 연구 참여자인 결혼초기 부부들은 적응과정이라는 시간의 흐름에 따라 일정한 단계를 거치면서 변화하는 학습경험을 하게 된다는 점에서 과정적 경험 궤적이 존재하고 있다. 넷째, 학습경험은 연구주제로서 거대 담론적 성격이거나 그렇다고 너무 단편적이고 일회적인 이벤트성 현상이 아닌 중간 범위 정도의 현상이다.

- 이밖에도 근거이론 방법에 적합한 주요 연구들의 주제를 살펴보면 다음과 같다.
  - 초등학생의 친한 친구 사귀기 과정: 근거이론 접근방법으로(안경숙, 2001)
  - 교사들의 디지털교과서 사용 경험에 관한 근거이론적 접근(송연옥, 변호승, 2012)
  - 아동양육시설 아동의 적응유연성 형성과정에 대한 근거이론 연구(양승연 외, 2012)
  - 여성 이종격투기선수의 젠더 불평등에 대한 스트레스 적응과정: 근거이론 접근(임정미, 임수원, 2013)
  - 대학생들이 진로탐색 과정에서 겪는 경험: 근거이론적 접근(김은애, 진성미, 2015)
  - 퇴직 후 심리적 위기 중년남성의 대학원 학습을 통한 셀프리더십 개발과정 탐색(이미섭, 최은수, 2015)

- 장애대학생의 진로결정 과정에 대한 근거이론적 접근(조현진 외, 2016)
- 평생교육강사의 다문화교수전문성 형성 과정(전영기, 2017)
- 퇴직한 중년남성의 재취업과정 탐색(이응목, 유기웅, 2017)
- 화장품 판매사원의 스마트러닝을 통한 학습경험과정 탐색(최유연, 유기웅, 2017)
- 근거이론을 활용한 어린이의 장소애착 형성 과정 분석(김혜진, 2019)
- 뇌종양 환자의 질병경험과정에 대한 근거이론적 접근(홍희정, 이영휘, 2020)
- 근거이론 접근을 통해 본 노년기 여성의 배우자 돌봄경험(정선이, 차승은, 2021)
- 정부지원 직업훈련 평가자의 전문성 개발 과정 탐색(이상길, 유기웅, 2023)
- 영업사원의 성과향상을 위한 관리자의 피드포워드(Feedforward) 제공 경험 탐색(김진영, 유기웅, 2023)
- 연구년 참여 교사의 학습경험 과정에 대한 근거이론 연구(문현심, 유기웅, 2024)
- 퇴직을 경험한 중장년 남성의 진로개발 경험 탐색: 만화경 경력 관점을 중심으로(김진희, 2024)
- IT분야 겸임교수의 프로티언 경력개발 과정 탐색(박미영, 2024)

근거이론 방법에 적합한 연구주제

- 전제 조건 체크
  - 존재론적·인식론적 관점
  - 상징적 상호작용주의 관점
  - 생성되는 이론
- 적합한 연구주제 선정
  - 잘 알려지지 않은 현상

- 복잡다단한 현상
- 과정적 경험 궤적이 있는 현상
- 실체적인 중간 범위 현상

참고문헌

Reference

김미영(2001). 치매노인을 돌보는 간호사의 경험과정. *임상간호연구지, 5*, 163-173.

김은애, 진성미(2015). 대학생들이 진로탐색 과정에서 겪는 경험: 근거이론적 접근. *직업교육연구, 34*(3), 67-90.

김진영, 유기웅(2023). 영업사원의 성과향상을 위한 관리자의 피드포워드(Feedforward) 제공 경험 탐색. *역량개발학습연구, 18*(2), 1-29.

김진희(2024). *퇴직을 경험한 중장년 남성의 진로개발 경험 탐색: 만화경 경력 관점을 중심으로*[박사학위논문]. 숭실대학교 대학원.

김한별(2012). 결혼초기 부부의 적응과정에서 학습경험 탐색: 근거이론 접근. *교육문제연구, 44*, 1-35.

김혜진(2019). 근거이론을 활용한 어린이의 장소애착 형성 과정 분석. *사회과교육, 58*(1), 1-20.

문현심, 유기웅(2024). 연구년 참여 교사의 학습경험 과정에 대한 근거이론 연구. *한국교원교육연구, 41*(3), 683-712.

박미영(2024). *IT분야 겸임교수의 프로티언 경력개발 과정 탐색*[박사학위논문]. 숭실대학교 대학원.

송연옥, 변호승(2012). 교사들의 디지털교과서 사용 경험에 관한 근거이론적 접근. *교육공학연구, 28*(2), 231-262.

송정희(2018). *지역사회 정신보건을 실천하는 정신건강의학과 전문의의 프로티언 경력개*

발 과정 탐색[박사학위논문]. 숭실대학교 대학원.

신경주(2022). *독립근로자의 포트폴리오 경력개발 과정 탐색*[박사학위논문]. 숭실대학교 대학원.

안경숙(2001). *초등학생의 친한 친구 사귀기 과정: 근거이론 접근방법으로*[박사학위논문]. 서울여자대학교 대학원.

양승연, 오정란, 권지성(2012). 아동양육시설 아동의 적응유연성 형성과정에 대한 근거이론 연구. *한국아동복지학, 39*, 93-126.

이미섭, 최은수(2015). 퇴직 후 심리적 위기 중년남성의 대학원 학습을 통한 셀프리더십 개발과정 탐색. *평생교육학연구, 21*(3), 165-194.

이상길, 유기웅(2023). 정부지원 직업훈련 평가자의 전문성 개발 과정 탐색. *역량개발학습연구, 18*(1), 97-122.

이응목, 유기웅(2017). 퇴직한 중년남성의 재취업과정 탐색. *사회과학연구, 28*(2), 59-78.

임정미, 임수원(2013). 여성 이종격투기선수의 젠더 불평등에 대한 스트레스 적응과정: 근거이론 접근. *한국체육학회지, 52*(6), 81-95.

조현진, 서보순, 박재국(2016). 장애대학생의 진로결정 과정에 대한 근거이론적 접근. *특수교육저널: 이론과 실천, 17*(1), 239-267.

전미양, 문현경(2017). 사회과학연구에서 존재론과 인식론의 중요성: 주관적 웰빙 연구 사례를 중심으로. *정부학연구, 23*(2), 31-57.

전영기(2017). *평생교육강사의 다문화교수전문성 형성 과정*[박사학위논문]. 숭실대학교 대학원.

정선이, 차승은(2021). 근거이론 접근을 통해 본 노년기 여성의 배우자 돌봄경험. *가족과 가족치료, 29*(1), 59-87.

최유연, 유기웅(2017). 화장품 판매사원의 스마트러닝을 통한 학습경험과정 탐색. *교육방법연구, 29*(2), 397-419.

홍희정, 이영휘(2020). 뇌종양 환자의 질병경험과정에 대한 근거이론적 접근. *재활간호학회지, 23*(1), 15-26.

Blumer, H. (1969). *Symbolic interactionism: Perspective and method.* Prentice−Hall.

Charmaz, K. (2006). *Constructing grounded theory.* Sage.

Glaser, B. G. (1998). *Doing grounded theory: Issues and discussions.* Sociology Press.

Glaser, B. G., & Strauss, A. L. (1967). *The discovery of grounded theory: Strategies for qualitative research.* Aldine de Gruyter.

Harding, S. (1987). Introduction: Is there a feminist model? In S. Harding (Ed.), *Feminism and methodology* (pp. 1−14). Indiana University Press.

Merriam, S. B. (2009). *Qualitative research: A guide to design and implementation.* Jossey−Bass.

Milliken, P. J., & Schreiber, R. S. (2001). Can you "do" grounded theory without symbolic interactionism? In R. S. Schreiber & P. N. Stern (Eds.), *Using grounded theory in nursing* (pp. 177−191). Springer.

Stern, P. N. (1994). Eroding grounded theory. In J. M. Morse (Ed.), *Critical issues in qualitative research methods* (pp. 212−223). Sage.

Strauss, A., & Corbin, J. (1998). *Basics of qualitative research: Techniques and procedures for developing grounded theory.* Sage.

Urquhart, C. (2013). *Grounded theory for qualitative research: A practical guide.* Sage.

Wayne, G. (2021, March 5). Nursing theories and theorists. https://nurseslabs.com/nursing−theories/

3

Grounded Theory: A New Systematic Approach

연구의 필요성 및 목적

03 Summary

연구의 필요성 및 목적

근거이론 방법으로 연구를 수행함에 있어 연구의 필요성을 논리적이고 설득력 있게 제시하는 것이 중요하다. 연구의 필요성, 목적, 그리고 연구문제를 작성하는 데 있어 연구의 타이틀에 명시하고 있는 중심현상이 하나의 기준점이 되어야 한다. 연구의 목적과 문제는 논문의 타이틀을 활용하여 간단하면서도 명료하게 작성할 수 있다. 논문의 타이틀에는 중심현상, 해당 중심현상을 경험한 연구 참여자, 그리고 맥락 또는 상황적인 요소가 드러나 있다. 연구목적과 연구문제 작성 시 이러한 핵심요소들을 활용하여 작성하는 것이 좋다.

01 | 연구의 필요성 및 목적, 연구문제 작성하기

근거이론 방법으로 연구를 수행함에 있어 연구의 필요성을 논리적이고 설득력 있게 제시하는 것이 중요하다. 논문의 구성상 서론에서 연구의 필요성과 목적을 기술하고 연구의 다음 단계를 설명하는 것이 일반적이다. 서론을 구성하는 방법은 다음과 같다.

깔때기 모양으로 구성

일반적으로 근거이론 연구에서 연구의 목적은 연구 참여자가 경험한 어떠한 현상(중심현상)을 심층적이고 체계적으로 이해할 수 있는 이론을 생성하는 것이다. 연구자는 이러한 연구의 목적을 염두에 두어 연구의 필요성을 논리적이고 설득력 있게 세팅(setting)해야 한다.

대체로 연구의 필요성과 목적은 서론의 후반부에서 제시되는 것이 일반적이다. 서론에서 연구자는 곧바로 연구의 필요성과 목적을 설명하기보다는 먼저 독자들의 주의를 환기시키고 연구주제에 관한 호기심을 유발하는 구성으로 논문을 시작한다. 근거이론 연구에서 중요하게 다뤄져야 할 부분은 크게 연구자가 초점을 두고 있는 연구의 중심현상(연구주제)과 연구 참여자이다.

첫째, 연구의 중심현상은 논문의 타이틀에 제시되고 있는 연구의 주제이다. 연구의 참여자가 경험한 잘 알려지지 않고, 복잡다단하며, 과정적 경험 궤적이 있는 현상이다. 이 중심현상은 연구의 필요성과 목적을 설명하는 데 있어 방향을 잃지 않게 도와준다. 따라서 서론의 전반적인 구성은 연구자가 중점적으로 다루고자 하는 현상인 연구주제와 관련된 내용으로 구성해야 한다.

연구자는 서론의 초반부에 관련 주제에 관한 중요성을 설명하기 위해 배경적인 설명으로 시작하는 게 좋다. 예를 들어, 집 앞에 있는 특정한 나무에 대해 설명하기 위해 주변 지역 또는 마을/도시, 국토 전체의 기후와 토양, 생태계 등에 관한 설명으로 주제에 접근하는 방식이다. 배경 설명 다음에는 보다 구체적으로 연구주제와 직접적으로 관련 있는 내용을 설명하게 되는데, 연구주제와 연관 있는 선행연구 또는 이론에 기반하여, 연구주제가 어떻게 연구되어 왔으며, 밝혀진

그림 4 • 연구의 필요성과 목적의 구성: 깔때기 모양

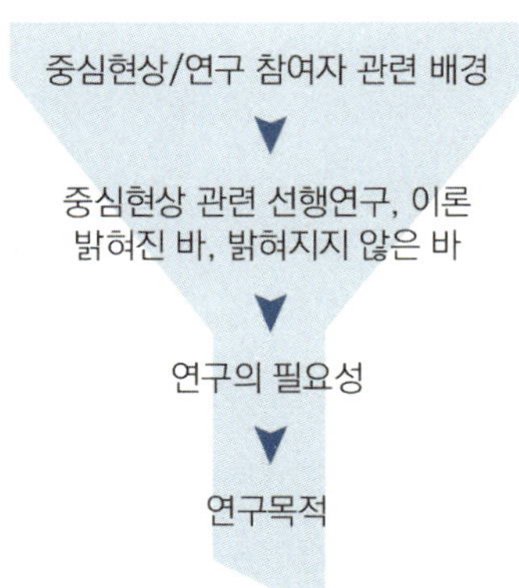

바가 무엇이고, 또한 밝혀지지 않은 바가 무엇인지를 핵심적인 내용 위주로 논리적으로 설명하면서 연구의 필요성을 제기한다. 예를 들어, 주변 지역의 식물, 나무 그리고 연구자가 초점을 두고 있는 특정 나무로 좁혀들어가면서 연구의 필요성을 구체적으로 제기한다.

둘째, 근거이론 연구에서 연구 참여자는 단순한 인터뷰 대상자 그 이상이다. 연구 참여자는 연구주제인 중심현상을 직접 경험했기 때문에 연구 참여자에 대한 이해가 중요하다. 연구 참여자에 관한 설명은 연구방법 섹션에서 자세하게 다루지만, 서론에서는 연구의 배경과 연구주제에 관한 설명, 그리고 연구의 필요성과 맞물려서 다루는 게 좋다.

요컨대, 근거이론 연구의 서론에서는 연구 참여자가 경험한 중심현상이 주재료가 되어 필요성을 학술적이고 논리적으로 제기하여 연구의 목적을 제시하도록 한다. 그러기 위해서는 중심현상과 연구 참여자에 관한 내용 설명이 서론에서 집중적으로 다뤄져야 한다. 서론의 전개방식은 큰 주제에서 작은 주제로 자연스럽게 이어지는 '깔때기 모양'이 좋다. 초반부에서는 연구주제 또는 연구 참여자와 관련한 배경 설명으로 시작하여, 점차 연구주제로 접근하여 필요성과 목적을 제시한다.

연구 목적 진술문과 연구문제 작성

연구의 필요성은 서론의 후반부에서 제시되고 바로 이어서 연구의 목적을 진술하는 형태로 작성하는 게 일반적이다. 연구 목적 진술문은 연구의 목적을 명확하게 단문의 형태로 간단명료하게 기술하는 게 좋다. 문장이 너무 길면 초점이 흐려지게 되어, 중심현상과 직접 관련이 없는 내용을 연구 목적 진술문에 포함시키게 된다.

근거이론 연구에서 연구 목적 진술문을 작성하는 방법 중 하나는 논문의 타이틀을 그대로 활용하는 것이다. 논문의 타이틀의 핵심 요소는 연구 참여자와 연구 참여자가 경험한 중심현상이다. 때때로 연구의 맥락을 논문의 타이틀에 포함하기도 한다. 즉, 논문의 타이틀의 말미에 '이해하고자 한다', '이해하는 데 있다', '이론을 생성하고자 한다' 등의 종결어미를 붙이는 것이다. 예를 들어, 논문의 타이틀이 '퇴직한 중년남성의[연구 참여자] 재취업과정[중심현상] 탐색'이라면, 연구 목적 진술문은 '본 연구의 목적은 퇴직한 중년남성의 재취업과정을 (심층적으로) 이해하는 데 있다' 또는 '본 연구의 목적은 퇴직한 중년남성의 재취업과정에 관한 이론을 생성하는 데 있다' 정도로 기술하는 것이다.

논문 타이틀에 연구의 맥락이 포함되어 있다면 연구 목적 진술문에서도 그대로 사용하여 맥락성을 드러내도록 한다. 예를 들어, '지역사회 정신보건을 실천하는[연구의 맥락] 정신건강의학과 전문의[연구 참여자]의 프로티언 경력개발 과정[중심현상] 탐색'이라면, 연구 목적 진술문은 '본 연구의 목적은 지역사회 정신보건을 실천하는 정신건강의학과 전문의의 프로티언 경력개발 과정을 이해하는 것이다' 또는 '본 연구의 목적은 지역사회 정신보건을 실천하는 정신건강의학과 전문의의 프로티언 경력개발에 관한 이론을 생성하는 것이다'가 될 수 있다. 만약 부연 설명이 필요하다면 연구 목적 진술문을 제시하고 난 후 이어서 설명을 추가하도록 한다. 연구 목적 진술문에 여러 많은 내용을 한꺼번에 작성하지 않도록 주의해야 한다.

근거이론 방법을 포함한 질적 연구에서의 연구문제는 양적 연구에 비해 상대적으로 포괄적이고 일반적 수준에서 기술한다. 너무 구체적인 인과관계를 밝히는 연구문제는 자제하는 것이 좋으며, 종결어미에 '무엇인가', '어떠한가' 등의 탐색, 과정, 경험, 이해 등이 목적 달성에 도움이 되는 질문형태로 기술하는 것이 좋다.

연구 목적 진술문 작성과 마찬가지로 근거이론 연구에서 연구문제는 논문 타이틀을 활용하여 간단명료하게 작성할 수 있다. 논문 타이틀의 말미에 '어떠한가'라는 의문형 종결어미를 붙이는 것이다. 예를 들어, '퇴직한 중년남성의 재취업과정 탐색'이 타이틀이라면, 연구문제는 '퇴직한 중년남성의 재취업과정은 어떠한가'인 것이다. 대개 중심현상에 초점을 맞춰 2~3개 정도의 질문으로 구성하는 게 일반적이지만, 사실상 1개의 연구문제를 제시하는 것도 크게 문제가 되지 않는다.

요컨대, 근거이론 연구에서 연구의 필요성, 목적, 그리고 연구문제를 작성하는 데 있어 연구의 타이틀에 명시하고 있는 중심현상이 하나의 기준점이 되어야 한다. 왜 특정 현상(중심현상)을 연구하는 것이 중요하고 필요한지를 연구자의 개인적인 궁금증에서 비롯된 설명이 아닌, 선행연구와 관련 이론에 기반하여 논리적으로 제시해야 한다. 연구의 목적과 문제는 논문의 타이틀을 활용하여 간단하면서도 명료하게 작성할 수 있다. 논문의 타이틀에는 중심현상, 해당 중심현상을 경험한 연구 참여자, 그리고 맥락 또는 상황적인 요소가 드러나 있다. 연구목적과 연구문제 작성 시 이러한 핵심요소들을 활용하여 작성하는 것이 좋다.

02 | 샘플: 연구의 필요성 및 목적, 연구문제

여기에서는 근거이론 방법으로 수행된 주요 연구들에서 제시하고 있는 연구 필요성, 연구 목적, 연구문제 섹션을 소개하도록 한다.

퇴직한 중년남성의 재취업과정 탐색[1]

◦ 연구의 필요성 (중략) 이와 같이 중년남성들의 재취업은 많은 사회적 문제들을 해결하고, 개인 및 사회에 긍정적인 효과를 안겨주기 때문에 더욱 더 관심을 가질 필요가 있다.

재취업 관련 연구는 크게 세 방향으로 진행되고 있다. 첫째, 재취업에 영향을 미치는 긍정적, 부정적 요인들이 무엇인지를 밝히는 것이고(김수영 외, 2015; 백주희, 2012; 서미경, 김미혜, 2012; 이상희 외 2011; Fasbender et al., 2015), 둘째, 재취업이 중년 퇴직자들에게 어떤 의미와 효과가 있는지를 규명하려는 것이고(김미혜 외, 2008; 나혜숙,

1 이응목, 유기웅(2017). 퇴직한 중년남성의 재취업과정 탐색. *사회과학연구, 28*(2), 59-78. 논문의 서론에서 발췌(pp. 60-61).

2012; 송인주, 2008), 셋째, 재취업을 장려하기 위한 정부의 각종 지원제도의 문제점과 개선책을 제안하는 연구이다(김동헌, 이승렬, 2011; 유길상, 성재민, 2005; 이상은, 2012).

지금까지 선행연구를 종합해 보면 중년남성의 재취업관련 연구는 재취업에 영향을 미치는 각종 변인들을 규명하는 수준에 머물러 있으며, 재취업을 위해서 무엇을 준비해야 하며, 어떤 경력계획이 필요한지를 탐색하는 방향으로 확장되지 못하고 있는 실정이다. 이들 연구의 확장을 위해서는 중년남성들의 재취업과정을 심층적으로 이해하는 것이 필요하다.

- **연구목적** 따라서 본 연구의 목적은 퇴직한 중년남성들의 재취업과정에서 경험한 불안, 위기, 어려움 등을 심층적으로 탐색하고, 재취업과정을 파악하여, 퇴직준비와 재취업이 어떻게 연계되는지를 이해하는 것이다.
- **연구 문제**[2] 퇴직한 중년남성의 재취업과정은 어떠한가?

이 연구의 서론 초반부에서는 우리나라 중년을 대표하는 베이비부머들의 퇴직이 본격화되면서 중년의 퇴직과 재취업에 대한 관심이 높아지고 있다는 점을 강조하면서 주의를 환기시키고 있다. 이러한 내러티브 훅(narrative hook)에 이어서, 중년의 특성, 비자발적 퇴직과 문제점, 그리고 재취업의 필요성, 관련 선행연구에서 밝혀낸 바와 밝혀내지 못한 바를 제시하면서 연구의 필요성과 목적으로 이어지는 깔때기식 구성을 취하고 있다. 연구문제는 생략되어 있으나 논문 타이틀을 그대로 활용하여 위와 같이 제시할 수 있다.

2 이 연구 문제는 해당 논문에서는 제시되어 있지 않음.

결혼초기 부부의 적응과정에서 학습경험 탐색: 근거이론 접근[3]

◦ 연구의 필요성 (중략) 이런 점에서 볼 때, 결혼초기의 생활은 부부가 접하는 다양한 갈등 요소와 적응의 요구를 통하여 원만한 결혼 생활을 영위하는 데 있어서 필요한 지식, 기술, 태도, 정서, 정체성 등을 새롭게 획득하거나 재구성하는 평생학습의 가능성을 내포하고 있는 경험이다.

지금까지 수행된 결혼초기 부부들의 적응에 관한 국내 연구동향을 정리하면, 대체로 부부의 결혼생활 만족도 및 스트레스에 영향을 주는 요인을 밝혀내는 연구(김영희, 정선영, 2007; 오선주, 2000; 이선미, 전귀연, 2001; 이정은, 이영호, 2000), 결혼초기 부부들의 요구와 필요를 분석하여 적절한 교육적 지원 노력으로서 프로그램 개발을 시도하는 연구(김희진, 2005; 방현주, 이기숙, 2002; 유은희, 김득성, 2005; 이창숙, 유영주, 1998; 최정숙, 2008), 그리고 신체적, 정신적 장애를 겪고 있는 배우자나 다문화 배우자 등과 같이 독특한 조건에서 부부 적응 요인을 탐색하는 연구(김진숙 외, 2010; 김현경, 2010; 김현숙 외, 2010) 등으로 구분할 수 있다. 이들 연구들은 결혼 초기 부부의 적응과정에 영향을 미치는 조건들이 무엇인지를 규명하고, 긍정적인 적응과 관계개선을 지원하기 위해서 고려할 수 있는 실제적인 내용과 방법을 제시하였다.

하지만 대부분 연구들이 결혼 초기 부부들이 경험하는 일반적인 결혼 만족도에 영향을 미치는 요인, 갈등 요인, 그리고 대처 방안 등이 무엇인지 규명하는 데 주목하다 보니, 각 부부의 개별적 상황에 따라서 보이는 갈등이나 어려움의 차이는 무엇이며, 그런 차이에 대해 대응해가는 과정의 차이에 대하여 충분한 설명을 하지

3 김한별(2021). 결혼초기 부부의 적응과정에서 학습경험 탐색: 근거이론 접근. *교육문제연구, 44*, 1-35. 논문의 서론에서 발췌(pp. 2-4).

못하고 있다. 뿐만 아니라, 기존의 연구들은 주로 교육과 상담 측면에서 다각적인 지원이 필요한 존재로 결혼초기 부부들을 파악하는 시혜(施惠)적인 관점에서 접근하고 있다. 그러다 보니 연구대상으로서 결혼 초기 부부들이 능동적 행위자로서 스스로의 경험을 적극적으로 구성하고 해석할 뿐만 아니라, 그로부터 자신들의 구체적 상황에 적합한 지식을 창출하는 학습을 수행하는 존재임을 간과하고 있다.

- **연구목적** 이러한 문제의식을 바탕으로 본 연구에서는 다양한 갈등을 접하는 결혼 초기의 부부가 적응해가는 과정을 탐색하고, 부부 적응과정이 학습으로서 어떤 의미를 갖는지 살펴보고자 한다.
- **연구 문제**[4] 결혼초기 부부의 적응과정에서 학습경험은 어떠한가?

이 연구의 서론 초반부에서는 인간의 생애발달 과정과 생애전환 사건, 결혼의 의미, 결혼 초기 부부의 적응의 과정과 학습경험, 그리고 관련 선행연구에서 밝혀낸 바와 미흡한 점을 제기하면서 본 연구의 필요성을 제기하고 있다. 큰 주제인 생애전환 사건, 결혼으로부터 시작하여 점차 결혼 초기 부부의 적응과정과 학습경험이라는 주제로 좁혀 들어가는 방식을 취하고 있다. 연구문제는 실제 논문에서는 생략되어 있으나 논문 타이틀을 그대로 활용하여 위와 같이 포괄적으로 제시할 수 있다.

4 이 연구 문제는 해당 논문에서는 제시되어 있지 않음.

독립근로자의 포트폴리오 경력개발과정 탐색[5]

◦ 연구의 필요성 (중략) 포트폴리오 경력의 전략적 유용성과 실행상의 효율성에도 불구하고 그에 관한 국내외 연구는 아직 제한적이다. 소수의 포트폴리오 경력 관련 연구들은 개인 근로자의 독자적인 경력개발의 의미(Cohen & Mallon, 1999; Mallon, 1998; Sullivan, 1999), 포트폴리오 경력으로의 성공적인 전환을 위한 자기관리전략의 규명(Gold & Fraser, 2002), 퇴직자들의 경력 연장으로서의 포트폴리오 근로방식(Gaynor, 2008; Platman, 2003, 2004), 포트폴리오 업무상의 모순점 및 직업적 정체성(Fenwick, 2006) 등을 논의하고 있다.

독립근로자에 관한 최근의 국외연구는 신흥경제에서의 독립근로자들의 성장 동향, 고용현황, 임금악화, 열악하고 부당한 근로조건과 부적절한 법적, 사회적 보호, 이로 인한 조합 등 단체행동의 증가와 의미 등에 관한 연구가 대부분이다(Cnossen & Bencherki, 2019; Hobby, 2021; Menger, 2017; Morgan, 2019; Poon, 2019; Ratti, 2020; Rodgers et al., 2016; Royal, 2020; Stewart et al., 2014; Weaver, 2021). 독립근로자들은 스스로 자신의 경력개발 과정 및 결과에 대한 책임을 져야 하기 때문에 어떠한 방식과 과정을 통해 경력을 개발하고 관리하는지에 따라 노동시장에서의 성공과 생존 여부도 결정된다. 그럼에도 독립근로자와 관련된 소수의 선행연구들은 부당한 고용과 근로 조건 등을 집중적으로 다룰 뿐이다.

이에 본 연구에서 독립근로자의 경력개발 과정 자체에 대해 질적, 심층적으로 연구한다는 것은 다음과 같은 필요성과 의의를 가진다. 첫째, 독립근로자 개인들뿐만

5 신경주, 유기웅(2022). 독립근로자의 포트폴리오 경력개발과정 탐색. *HRD연구, 24*(3), 101-135. 논문의 서론에서 발췌(pp. 103-104).

아니라 사회적으로도 현재와 같이 급변하는 경력 환경에서 새로운 경력개발 방식의 출현과 같은 사회적 현상에 대해 체계적이고 유용하며 예측 가능한 설명을 제공하는 다각도의 연구와 그에 따른 새로운 이론이 제시될 필요가 있다. 둘째. 새로운 이론을 통해 미래의 발전 가능성을 지닌 근로자 유형으로서 우리 사회에 자리매김하고 있는 독립근로자들을 올바로 이해할 수 있다. 셋째, 독립근로자들의 포트폴리오 경력이 어떤 과정을 통해 개발되고 구성, 관리되고 있는지에 대한 자료를 제공함으로써 밀레니얼 세대를 비롯한 후속 독립근로자들의 가이드가 될 수 있다.

- **연구목적** 따라서 본 연구의 목적은 독립근로자의 포트폴리오 경력개발 과정을 체계적으로 이해할 수 있는 이론적 모형을 개발하는 것이다.
- **연구 문제** 첫째, 독립근로자로서 지속적으로 포트폴리오 경력을 개척하고 재구성, 재조정해 가는 과정 및 전략은 어떠한가? 둘째, 독립근로자의 포트폴리오 경력개발과정의 이론적 모형은 어떠한가?

이 연구의 서론 초반부에서는 최근 노동시장의 유연화, 경력 이동성 등에 따른 경력의 패러다임 변화 방향을 설명하면서 주의를 환기시키고 있다. 이러한 변화에 따른 독립근로자의 등장과 포트폴리오 경력의 등장과 개념을 설명하면서 포트폴리오 경력의 특징과 관련 선행연구의 미흡한 점을 드러내면서 본 연구의 필요성을 제기하고 있는 깔때기식으로 구성되어 있다. 연구문제는 포트폴리오 경력을 개척하고 재구성, 재조정해 가는 과정 및 전략과 이를 통해 생성되는 이론적 모형은 어떠한가로 제시되어 있다.

참고문헌

Reference

김동헌, 이승렬(2011). 한국의 재취업보너스제도 연구: 미국과 일본의 제도 비교로부터 얻는 시사점. *한국사회정책, 18*(2), 9−32.

김미혜, 이현주, 서미경(2008). 정년퇴직 후, 재취업에 성공한 한국 남성노인의 구직경험에 관한 현상학적 연구. *한국노년학, 28*(1), 123−142.

김수영, 장수지, 이재정, 문경주(2015). 베이비붐세대의 재취업 의사에 영향을 미치는 요인. *노인복지연구, 67*, 107−132.

김영희, 정선영(2007). 부부갈등과 결혼만족도. *한국가정관리학회지, 25*(5), 65−82.

김진숙, 이혁구, 이근무(2010). 다문화 가정 부부의 결혼적응 연구: 근거이론 방법론 접근. *한국가족복지학, 30*, 135−166.

김현경(2010). 남북한 이문화 부부의 적응에 관한 연구: 남한주민과 결혼한 북한출신 배우자의 부부 적응에 대한 인식을 중심으로. *한국가족관계학회지, 15*(1), 41−69.

김현숙, 김희재, 최송식(2010). 결혼이주여성의 문화적응스트레스와 부부 적응. *한국가족자원경영학회지, 14*(2), 153−176.

김한별(2012). 결혼초기 부부의 적응과정에서 학습경험 탐색: 근거이론 접근. *교육문제연구, 44*, 1−35.

김희진(2005). 결혼초기 부부관계향상 프로그램 개발에 관한 연구: 긍정주의 심리치료 접근 중심으로. *한국심리학회지: 상담과 심리치료, 17*(4), 877−906.

나혜숙(2012). *실직자 재취업과정에 대한 현상학적 연구*. 박사학위논문, 백석대학교.

방현주, 이기숙(2002). 부부관계향상 프로그램을 통한 결혼초기부부의 의사소통능력 증진에 관한 연구. *대한가정학회지, 40*, 39-54.

백주희(2012). 한국 중·노년기 은퇴 경험자들의 노동시장 재진입에 미치는 결정요인에 관한 연구. *한국노년학, 32*(1), 273-287.

서미경, 김미혜(2012). 재취업 중·고령자의 구직방법에 영향을 미치는 요인 연구. *사회보장연구, 28*(1), 97-128.

송인주(2008). 퇴직 남성노인 재취업 과정의 의미. *한국노년학, 28*(3), 497-514.

신경주, 유기웅(2022). 독립근로자의 포트폴리오 경력개발과정 탐색. *HRD 연구, 24*(3), 101-135.

오선주(2000). 부부의 사회, 인구학적 특성 및 인성특성의 동질성 여부와 결혼갈등. *한국가족관계학회지, 5*(2), 23-42.

유길상, 성재민(2005). 조기재취업수당제도의 재취업촉진 효과. *사회보장연구, 21*(2), 29-53.

유은희, 김득성(2005). 결혼초기 부부관계향상 프로그램의 효과검증. *한국가정관리학회지, 23*(1), 1-18.

이상은(2012). 실업인정과 실업급여 수급자 재취업촉진 개선방안. *직업과고용서비스연구, 7*(1), 55-68.

이상희, 최춘희, 신상수(2011). 재취업구직자의 성격5요인이 구직효능감과 진로준비행동에 미치는 영향. *인간이해, 32*(1), 85-102.

이선미, 전귀연(2001). 결혼초기 남편과 아내의 부부갈등과 갈등대처방식이 결혼만족도에 미치는 영향. *한국가정관리학회지, 19*(5), 203-220.

이응목, 유기웅(2017). 퇴직한 중년남성의 재취업과정 탐색. *사회과학연구, 28*(2), 59-78.

이정은, 이영호(2000). 개인특성, 스트레스 및 부부간 의사소통과 결혼만족도의 관계. *한국심리학회, 19*(3), 531-548.

이창숙, 유영주(1998). 부부갈등해결 교육프로그램 개발연구. *한국가족관계학회지, 3*(1), 46-71.

최정숙(2008). 결혼초기부부의 가족레질리언스 강화 프로그램 개발 연구. *한국가족복지*

학, 23, 103－152.

Cnossen, B., & Bencherki, N. (2019). The role of space in the emergence and endurance of organizing: How independent workers and material assemblages constitute organizations. *Human Relations, 72*(6), 1057－1080.

Cohen, L., & Mallon. M. (1999). The transition from organisational employment to portfolio working: Perception of boundarylessness. *Work, Employment and Society, 13*(2), 329－352.

Fasbender, U., Wang, M., Voltmer, J., & Deller, J. (2015). The meaning of work for post－retirement employment decisions. *Work, Aging and Retirement, 2*(1), 12－23.

Fenwick, T. J. (2006). Contradictions in portfolio careers: Work design and client relations. *Career Development International, 11*(1), 66－79.

Gaynor, R. (2008). Working longer and portfolio careers. *Professional Business & Technical Management, 3*(6), 12－13.

Gold, M., & Fraser, J. (2002). Managing self－management: Successful transitions to portfolio careers. *Work, Employment and Society, 16*(4), 579－597.

Hobby, C. (2021). Workers rights: A public health issue. *Industrial Law Journal, 50*(3), 469－491.

Mallon, M. (1998). The portfolio career: Pushed or pulled to it? *MCB University Press, 27*(5), 361－377.

Menger, P. M. (2017). Contingent high－skilled work and flexible labour markets: Creative workers and independent contractors cycling between employment and unemployment. *Swiss Journal of Sociology, 43*(2), 253－284.

Morgan, J. F. (2019). Determining whether a worker is an employee or independent contractor: As easy as “ABC”? *Employee Relations Law Journal, 44*(4), 67－78.

Poon, T. S. (2019). Independent workers: Growth trends, categories, and employee relations implications in the emerging Gig economy. *Employee Responsibilities & Rights Journal, 31*(1), 63–69.

Ratti, L. (2020). 2020/30 Self–employment matters: The EU's response to the lack of social protection for independent workers. *European Employment Law Cases, 5*(3), 164–167.

Rodgers, W., Horowitz, S., & Wuolo, G. (2016). The impact of client nonpayment on the income of contingent workers: Evidence from the freelancers union independent worker survey. *Industrial & Labour Relations Review, 67*(3), 702–733.

Royal, A. B. (2020). Is the gig up for some workers: How independent–contractor law maybe loosening up. *Business West, 37*(15), 24–25.

Stewart, P., Mckearney, T., & Garvey, B. (2014). The independent workers Union: Class, nation and oppositional labour movements in Ireland from 1900 to the Celtic Tiger. *Labour History, 55*(4), 486–500.

Sullivan, S. E. (1999). The changing nature of careers: A review and research agenda. *Journal of Management, 25*(3), 457–484.

Weaver, J. H. (2021). Two sides of the same coin: Examining the misclassification of workers as independent contractors. *Georgia Law Review, 55*(3), 1355–1382.

4

Grounded Theory: A New Systematic Approach

문헌고찰

04 Summary
문헌고찰

근거이론 연구에서 다루고 있는 사건 또는 현상은 해당 학문 분야에서 연구를 수행할 만한 충분한 가치가 있는 주제이며, 이와 관련된 이론과 선행연구들에 관한 심층적인 고찰을 하는 것은 학술연구에서 필수적인 부분이다. 문헌고찰은 연구의 전 과정에서 실시할 수 있으나, 연구의 초기 과정에서 실시하는 것이 연구자에게 여러모로 도움을 더 많이 줄 수 있다. 선정된 연구주제와 관련된 연구의 흐름을 파악함으로써, 기존 연구들이 밝혀낸 바가 무엇이고 무엇이 밝혀지지 않았는지를 파악할 수 있어 연구의 필요성과 목적을 명확하게 제시하는 데 도움이 될 수 있다. 또한 문헌고찰을 통하여 연구주제와 관련된 이론 및 개념에 대한 이해는 연구자에게 통찰력을 높여 줄 수 있어, 이론적 표집 과정에서의 연구 참여자 선정, 자료의 수집 및 분석에 도움을 줄 수 있다.

01 | 문헌고찰 작성하기

근거이론 연구에서 다루고 있는 사건 또는 현상은 해당 학문 분야에서 연구를 수행할 만한 충분한 가치가 있는 주제이며, 이와 관련된 이론과 선행연구들에 관한 심층적인 고찰을 하는 것은 학술연구에서 필수적인 부분이다. 문헌고찰의 필요성과 작성 방법은 다음과 같다.

문헌의 활용

앞서 제1장에서 근거이론 연구의 논문 구성에서 설명하였듯이, 문헌고찰(literature review)은 연구주제와 관련된 이론과 기존 연구를 단순하게 요약하여 나열하듯이 설명하는 것이 아니라, 연구자가 해당 이론과 선행연구의 내용을 평가하고 검토하여 논하는 것을 의미한다.

근거이론 연구에서 연구주제와 관련된 문헌검토의 필요성에 관해 이견이 있어 왔다. 예를 들어, Glaser(1992)는 기본적으로 문헌의 사용에 관해 연구 중인 실체영역과 관련이 있는 문헌은 검토할 필요가 없다는 입장이다. 문헌의 사용은 연구자를 잘못된 개념을 형성하게 할 수 있으며, 전문가들의 문제의식을 그대로 받아들여 합당한 것으로 간주할 수 있다. 그리고 기존 연구에 '지나친 존경심'을 갖게 되어 이론을 생성하는 연구자로서 자신만의 고유한 가치를 잃게 만들 수 있고, 기존 개념에 얽매이게 되고 선입견을 갖게 되어 새로운 이론 생성에 도움을 주지 못한다는 것이다. 실제로 Glaser 방법으로 작성된 논문의 경우 별도의 문헌고찰 섹션을 두지 않고, 서론 또는 결과를 설명하면서 기존 이론 또는 선행연구들과 연관지어 논의하는 것을 종종 볼 수 있다.

반면 Strauss와 Corbin(1998)은 문헌의 사용에 관해 대체로 유연한 입장을 취하고 있는데, 주요 내용을 정리하면 다음과 같다.

- 문헌에서 도출된 개념은 연구에서 나타난 개념과 비교하여 차별화하고 구체성을 부여할 수 있도록 도와줌
- 수집된 자료의 의미를 분석할 수 있는 미묘한 뉘앙스에 대한 민감성을 강화해 줄 수 있음
- 문헌은 자료 분석 시 범주 개념을 개발하기 위한 이차 출처로서 사용될 수 있음
- 이론적 표집에 통찰력을 제공

문헌의 사용에 관해 Strauss와 Corbin(1998)은 연구의 시작 및 진행 과정 동안 문헌을 적절하게 활용할 수 있다는 입장이다. 하지만, 연구자가 기존의 문헌에 너무 의존하여 본인 연구에 제약을 받거나 경직되어서는 안 된다고 경고하고 있다.

문헌의 사용 여부에 관해 어떤 방법이 옳고 그른지에 관해 여기서 깊게 논의

하는 것은 크게 의미가 없다. 하지만 중요한 것은 첫째, 학술 논문에서 다루고 있는 주제, 사건, 또는 현상은 분명히 기존 이론 또는 선행연구와 연관이 되어 있으며, 연관되어야만 한다. 특정한 연구의 주제를 선정 시 이미 이러한 점을 고려하였다는 점은 자명하다.

둘째, 기존 이론과 선행연구에 관한 아무런 설명 없이 연구의 필요성을 제기하고 자료를 수집하여 연구결과를 제시하는 것은 다양한 수준의 논문 독자들에게 그리 친절해 보이지 않는다. 논문을 읽는 모든 독자들이 해당 학문분야에 정통한 사람들은 아니며, 문헌에 관한 고찰 없이 특정 학문 분야에서 중요하게 다뤄지고 있는 학문의 맥락성을 파악하기란 쉽지 않다.

셋째, 무엇보다도 근거이론 연구를 수행하는 모든 연구자가 해당 주제에 관해 풍부한 통찰력과 전문성을 가지고 있는 것은 아니다. 연구의 필요성과 목적을 명확히 제시하고, 연구 참여자의 선정, 자료의 분석, 결과 및 논의를 작성함에 있어 문헌의 적절한 활용은 연구자에게 객관성과 민감성을 유지할 수 있도록 도와준다. 문헌에 대한 고찰 없이 연구자의 내부 통찰력만으로 범주를 도출하고 이론을 생성한다는 것은 쉽지 않아 보인다. 다만 연구자는 연구를 수행함에 있어 의식적, 비판적, 성찰적으로 판단하여 기존의 문헌에 지나치게 의존하는 문제를 경계해야 한다.

문헌고찰의 시기와 의의

문헌고찰은 연구의 전 과정에 걸쳐 실시할 수 있다. 문헌고찰의 의의는 다음과 같다.

- 새로운 연구주제 발굴과 주제의 정교화, 명확화에 도움
- 중복되거나 유사한 연구 분석을 통해 연구의 필요성과 목적의 명확화
- 연구문제 선정에 도움
- 연구의 주제와 관련된 이론과 해당 분야의 연구 흐름에 관한 이해
- 자료의 수집 및 분석 과정에서 필요한 민감성 제공
- 연구결과에 대한 통찰력 있는 해석적 근거 제공
- 연구결과의 해석이 연구자의 개인적인 생각이나 추측으로 치우치지 않도록 균형을 잡아줌

요컨대, 문헌고찰은 연구의 전 과정에서 실시할 수 있으나, 연구의 초기 과정에서 실시하는 것이 연구자에게 여러모로 도움을 더 많이 줄 수 있다. 선정된 연구주제와 관련된 연구의 흐름을 파악함으로써, 기존 연구들이 밝혀낸 바가 무엇이고 무엇이 밝혀지지 않았는지를 파악할 수 있어 연구의 필요성과 목적을 명확하게 제시하는 데 도움이 될 수 있다. 또한 문헌고찰을 통하여 연구주제와 관련된 이론 및 개념에 대한 이해는 연구자에게 통찰력을 높여 줄 수 있어, 이론적 표집 과정에서의 연구 참여자 선정, 자료의 수집 및 분석에 도움을 줄 수 있다.

문헌고찰의 구성과 작성 절차

문헌고찰 섹션을 구성하기 위한 일반적인 절차는 다음과 같다.

내용의 선정 문헌고찰을 작성하기 위해서는 문헌고찰 섹션에 들어갈 내용이 선정되어야 한다. 당연히 연구자가 정한 연구의 주제와 관련된 내용이 문헌고찰의 구성요소에 포함된다. 다루고 있는 주제와 범위에 따라 여러 하위 절로 구성할 수도 있다. 또한 경우에 따라 연구 참여자에 대한 개념, 특성, 관련 이론 또는 선행연구를 리뷰하여 제시할 수도 있다. 문헌고찰 섹션에서는 두 개 이상의 하위 절로 구성되는 것이 일반적이다.

검색 및 정리 문헌고찰 섹션에서 기술될 내용이 정해졌다면, 해당 주제와 관련된 문헌을 실제로 검색하여 내용을 분석한다. 문헌 검색을 위해 다양한 검색 도구 또는 검색 데이터베이스를 통해 검색을 실시한다. 주제어, 핵심어, 발행연도, 저자, 발행위치, 방법론 등을 적절히 활용하며, 단어가 결합된 형태로 가능한 모든 경우의 수를 고려하는 것이 좋다. 또한 해당 문헌이 예비 자료원(preliminary sources), 1차 자료원(primary sources), 또는 2차 자료원(secondary sources)인지를 파악하여 자료의 출처를 파악하고 신빙성 있는 자료인지를 파악하도록 한다.

다양한 종류의 문헌자료가 있지만, 단행본, 학술지에 게재된 학술논문, 석·박사 학위논문, 기타 연구보고서 등이 주로 많이 활용된다. 단행본의 경우 간혹 검증되지 않은 저자의 개인적인 의견이 반영된 경우가 있어 활용 시 주의를 요하며, 학술지의 경우 학술지의 등급 및 인지도, 피인용 지수 등을 고려하는 것이 좋다. 학위논문의 경우에는 학위수여기관, 저자, 지도교수, 학위종류 등을 종합적으로 고려하여 적절하게 활용하도록 한다. 가급적 최신의 자료를 활용하는 것이 좋으나 해당 학문분야에서 랜드마크 연구(landmark study)로 간주되는 자료를 파악하여 논문작성 시 적절하게 활용하는 것이 좋다.

문헌검색을 통해 활용할 자료라고 판단된다면, 프린트를 하여 분류하거나 전자파일인 경우 컴퓨터 등의 저장 장치에 연구자 나름대로의 분류 체계 또는 시스템을 개발하여 정리해놓는 것이 좋다. 연구주제, 필요성과 목적, 연구문제 또는 가설, 이론적 배경, 연구방법, 연구결과, 특이사항 등을 요약 형태로 파일에 저장하여 정리하는 것도 좋은 방법이다.

작성하기 문헌검색 및 분석을 통해서 어느 정도 해당 주제에 익숙해지고 민감성이 높아졌다고 판단되었을 때 연구자는 실제로 논문 작성에 들어가게 된다. 전술하였듯이 문헌고찰(literature review)은 연구주제와 관련된 이론과 기존 연구를 단순하게 요약하여 나열하듯이 설명하는 것이 아니라, 연구자가 해당 이론과 선행연구의 내용을 평가하고 검토하여 논하는 것을 의미한다. 연구자가 해당 섹션에 설명할 내용을 완전히 이해하고 소화한 바를 독자들에게 논의하는 방식으로 기술한다. 또한 연구자의 개인적인 의견이나 주장을 하는 방식이 아니라 문헌자료에 근거한 사실(facts) 위주로 기술하는 것이 좋다.

딱히 정해진 분량은 없으나 일반적으로 학위논문이 범위나 깊이 측면에서 학술지보다 분량이 더 많고 구체적으로 문헌고찰을 실시한다. 학술지 논문의 경우 해당 학술지에서 제한하는 분량이 있으므로 정해진 분량에 준하여 핵심적인 내용 위주로 문헌고찰을 작성한다.

학위논문 수여기관 또는 학술지 발행기관에서 요구하고 있는 논문작성체계를 준수해야 하며, 본문인용 방법, 참고문헌 작성방법, 표, 그림, 논문 구성체계, 기타 편집양식 등도 정해진 논문작성 스타일에 맞게 작성하도록 한다.

02 | 샘플: 문헌고찰의 구성

여기에서는 근거이론 방법으로 수행된 주요 연구들에서 제시하고 있는 문헌고찰의 구성요소를 소개하도록 한다.

퇴직한 중년남성의 재취업과정 탐색[1]

- 중년의 기준 및 특징
- 중년의 퇴직
- 중년의 재취업

1 이응목, 유기웅(2017). 퇴직한 중년남성의 재취업과정 탐색. *사회과학연구, 28*(2), 59-78.

지역사회 정신보건을 실천하는 정신건강의학과 전문의의 프로티언 경력개발 과정 탐색[2]

- 지역사회 정신보건의 개념, 특징 및 실태
  - 지역사회 정신보건의 개념
  - 지역사회 정신보건의 특징
  - 지역사회 정신보건 현황과 실태
- 경력과 경력개발
  - 경력과 경력개발의 개념과 변화
  - 의사의 경력 관련 연구
- 프로티언 경력의 개념 및 주요 특징
  - 프로티언 경력의 개념
  - 프로티언 경력 관련 연구
  - 프로티언 경력의 구성요소

독립근로자의 포트폴리오 경력개발과정 탐색[3]

- 독립근로자의 개념 및 특성
  - 독립근로자의 개념

2 송정희(2018). *지역사회 정신보건을 실천하는 정신건강의학과 전문의의 프로티언 경력개발 과정 탐색*[박사학위논문]. 숭실대학교 대학원.

3 신경주(2022). *독립근로자의 포트폴리오 경력개발과정 탐색*[박사학위논문]. 숭실대학교 대학원.

- 독립근로자의 특성

- 독립근로자의 경력개발
  - 경력개발 관점의 변화
  - 구성주의적 경력개발 이론
  - 포트폴리오 경력

결혼초기 부부의 적응과정에서 학습경험 탐색: 근거이론 접근[4]

- 성인발달과 학습
- 결혼초기의 부부 적응

IT분야 겸임교수의 프로티언 경력개발 과정 탐색[5]

- IT분야 비전임교원에 대한 이해
  - 비전임교원의 개념 및 종류
  - 비전임교원의 종류별 자격과 요건
  - IT분야 겸임교원의 특징
- 프로티언 경력의 개념 및 연구 동향
  - 경력개발 관점의 변화
  - 프로티언 경력 개념과 구성요소
  - 프로티언 경력 관련 연구

4 김한별(2021). 결혼초기 부부의 적응과정에서 학습경험 탐색: 근거이론 접근. *교육문제연구, 44*, 1-35.

5 박미영(2024). *IT분야 겸임교수의 프로티언 경력개발 과정 탐색*[박사학위논문]. 숭실대학교 대학원.

참고문헌

Reference

김한별(2012). 결혼초기 부부의 적응과정에서 학습경험 탐색: 근거이론 접근. *교육문제연구, 44*, 1-35.

박미영(2024). *IT분야 겸임교수의 프로티언 경력개발 과정 탐색*[박사학위논문]. 숭실대학교 대학원.

송정희(2018). *지역사회 정신보건을 실천하는 정신건강의학과 전문의의 프로티언 경력개발 과정 탐색*[박사학위논문]. 숭실대학교 대학원.

신경주(2022). *독립근로자의 포트폴리오 경력개발과정 탐색*[박사학위논문]. 숭실대학교 대학원.

이응목, 유기웅(2017). 퇴직한 중년남성의 재취업과정 탐색. *사회과학연구, 28*(2), 59-78.

Glaser, B. G. (1992). *Basics of grounded theory analysis: Emergence vs. forcing.* Sociology Press.

Strauss, A., & Corbin, J. (1998). *Basics of qualitative research: Techniques and procedures for developing grounded theory.* Sage.

5

Grounded Theory: A New Systematic Approach

연구방법

05 Summary
연구방법

이 장에서는 연구 설계, 연구 참여자, 자료 수집, 자료 분석, 윤리성, 타당성, 신뢰성 등에 관한 내용을 담고 있다. 특히 자료의 분석에 있어서 이 책에서 새롭게 제안하는 방법을 소개하고 있다. 근거이론 연구에서의 분석의 과정은 바로 첫째, 현상을 체계적이고 타당하게 설명해줄 수 있는 설명력을 지닌 이론의 형성, 둘째, 현상에 대한 체계적인 이해를 바탕으로 예측력 있는 논리적 체계를 형성하는 것에 초점을 두어야 한다. 이러한 논리에 따라 이 책에서는 분석 단계를 '현상 이해 분석' 단계(1단계), '범주 관계성 분석' 단계(2단계), '이론 통합 분석' 단계(3단계)의 3단계로 제시하였다.

01 | 연구방법 작성하기

근거이론 연구에서 연구방법에 관한 원리, 절차, 기법 등을 구체적이고 명확하게 제시하는 것이 중요하다. 논문의 구성상 서론, 문헌고찰 섹션 다음에 연구방법을 설명하는 것이 일반적이다. 앞서 제1장 근거이론 연구의 논문 구성에서 설명하였듯이, 연구방법(research method)에서는 연구의 목적을 달성하고 연구문제를 해결하는 데 적합한 방법을 설명한다. 이 섹션에서는 대개 연구 설계, 연구 참여자, 자료 수집, 자료 분석, 윤리성, 타당성, 신뢰성 등에 관해 설명하는 하위 섹션으로 구분된다.

연구 설계

대부분의 질적 연구는 질적 연구와 구체적인 접근 방법에 관한 설명과 왜 해당 연구에서 질적 연구와 특정 접근 방법을 선정하게 되었는지를 설명하는 것으로 연구방법 섹션을 시작한다. 아마도 연구모형을 제시하는 양적 연구의 전통을 따르거나 또는 양적 연구에 비해 방법론적 측면에서 익숙하지 않은 방법이라는 전제가 깔려 있는 듯하다.

연구 설계(research design)에서는 질적 연구방법과 근거이론 방법에 관한 핵심적인 설명과 수행하고자 하는 연구의 목적을 달성하고 연구문제를 해결하는데 근거이론 방법이 왜 적합한 방법인지에 관해 설명한다. 별도의 연구 설계라는 하위절로 구분하지 않고 기술하는 경우가 대부분이나, 질적 연구와 근거이론 방법에 관해 보다 심층적인 설명이 필요할 경우에는 하위 섹션으로 구분하여 구성할 수도 있다.

질적 연구 선정 이유 질적 연구를 선정한 이유에 관해 다음과 같은 측면에서 설명할 수 있다.

- 연구의 필요성, 연구의 목적, 연구 문제에 질적 연구가 적합함을 설명; 질적 연구가 행위자의 경험을 심층적으로 이해하기 위해 경험이 발생한 상황적 조건에 대한 가공이나 통제를 배제한 채 자연스러운 조건에서 총체적으로 접근하는 방법이라는 점을 강조
- 존재론적·인식론적 관점; 세계를 바라보는 관점이 보편적이고 절대불변하는 실재를 알 수 없는 세계로 가정하고, 실재는 세계를 경험하는 개인에 의해 구성된다는 관점을 취함. 지식을 실재에 대한 개별적이고 상징적인 구성이며 객관적이지 않다는 입장으로 간주한다는 입장을 설명. 따라서, 행위자가 경험한 현상은 자연현상처럼 객관적으로 설명될 수 있는 것이 아닌 행위자의 입장에서 이해해야 한다는 관점을 강조
- 귀납적 접근; 가설을 설정하여 이를 검증하는 접근이 아닌 수집된 자료를

바탕으로 자료들이 의미하는 바를 도출하여 현상의 의미가 무엇인지를 심층적으로 이해하는 방법임을 설명

- 현장 활동(fieldwork); 사회적 현상의 본래의 모습을 자연스러운 상황에서 어떠한 처치나 통제를 하지 않고 풍부하고 왜곡 없는 자료를 통해 현상의 의미를 해석할 수 있는 방법임을 강조

근거이론 방법 선정 이유 근거이론 방법을 선정한 이유에 관해 다음과 같은 측면에서 설명할 수 있다.

- 상징적 상호작용주의 관점; 개인의 행위와 사회적 행위에 관한 연구는 경험 현장에서 어떻게 행동하는지, 왜 그렇게 행동하는지, 어떠한 의미로 해석하고 행동하는지, 어떠한 의미를 상대에게 주고 있는지를 행위자의 관점에서 이해하려는 방법임을 설명
- 생성되는 이론; 연구주제를 다루는 이론이 부족하여 현실의 주어진 맥락적 상황을 반영하는 실체적 이론 생성이 필요하다는 점을 설명
- 과정적 경험 궤적이 있는 복잡다단한 현상; 복잡다단하며 과정적 경험 궤적이 있는 현상을 탐구하기에 적합한 방법임을 강조

특히 근거이론 방법에서 다양한 접근방법들이 있기 때문에 어떠한 근거이론 방법을 적용했는지를 명확하게 밝히는 것이 필요하다. 누구의, 어떠한 근거이론 방법을 적용했는지에 따라 자료의 수집 및 분석, 절차, 기법 등에서의 차이가 있기 때문이다.

연구 참여자

근거이론 방법에서 연구 참여자 선정의 기본 원리는 이론적 표집(theoretical sampling)과 이론적 포화(theoretical saturation)에 의한 의도적 표집(purposeful sampling)이다. 이는 연구자가 관심을 두고 있는 '중심현상'을 토대로 이론 생성에 가장 많은 도움을 줄 수 있는 대상, 즉 내 연구 문제에 가장 심도 있는 답을 해줄 수 있는 충분한 지식과 경험을 가지고 있는 대상은 누구인가를 의도적으로 선정하는 것을 말한다. 근거이론 연구에서는 모든 연구 참여자를 미리 정하지 않고 수집된 자료를 분석하여 이를 통해 이론 생성에 기여할 수 있는 대상자를 섭외하는 방식으로 진행한다. 대개 연구 참여자는 해당 현상을 경험한 사람, 즉 경험자 자신이 주 대상이지만, 경우에 따라서는 경험자의 주변인 또는 관련인도 연구 참여자로 포함될 수 있다.

이론적 표집과 포화 이론적 표집은 출현하는 이론에 대해 관련성을 가진 개념들을 근거로 다음 연구 참여자를 추출하는 방법을 의미한다.

- 이론적 표집 및 포화에 관해 설명하기; 연구에 적용된 이론적 표집 및 이론적 포화에 관해 설명함

모든 연구 참여자들을 한꺼번에 선정하여 자료를 수집하고 이를 한꺼번에 분석하는 것이 아니라, 다음에 어떠한 자료를 어디에서 또는 누구로부터 수집할 것인가를 결정하여 표집을 번갈아하는 과정을 의미한다. 일종의 자료 수집과 분석

과정에서 나타나는 개념, 범주, 관계성 등에 따른 의도적 표집이라고 볼 수 있다.

이론적 포화란 수집한 데이터로 충분하다고 판단하여 더 이상 추가적인 데이터 수집이 필요하지 않은 상태를 말한다. 새로운 표집을 통해 개념 또는 범주의 형성, 범주 간의 관계 파악 등 이론 생성에 도움이 되지 않는다고 연구자가 판단하는 상황을 뜻한다. 근거이론 방법에서는 원래 연구 참여자 수를 미리 정하지 않으며, 몇 명의 연구 참여자가 적당한지에 대해서도 명확하게 정해진 바는 없다. 이론적 표집이나 이론적 포화에서의 결정은 모두 연구자의 판단에 달려 있지만, 기존 연구나 전문가의 의견 등을 참고하여 연구 참여자 수를 결정하는 것이 좋다.

이론적 표집 절차 이론적 표집의 절차는 [그림 5]에서 보는 바와 같다. 최초 1~2명 정도의 의도적인 표집을 통해 자료를 수집한 후 반복적 비교분석을 통해 나타나는 개념, 범주, 범주 간 관계성, 출현하는 이론에 주목하여 다음 표집 대상을 의도적으로 표집하여 자료를 수집한다. 이렇게 표집과 분석을 번갈아가며 실시하여 포화상태에 이를 때까지 이론적 표집을 실시한다. 이는 단순히 수집과 분석을 번갈아 수행하는 기계적인 반복행위가 아니라 출현하는 이론적 개념을 근거로 하여 표집하는 과정이다.

이론적 표집을 실시할 때 단순히 표집 대상에만 초점을 두기보다는 주목하고 있는 사건 또는 현상에 초점을 두어 표집을 하는 것이 좋다. 또한 표집 초기에는 가능한 많은 개념과 범주를 형성하는 것에 초점을 두고, 자료가 누적될수록 범주를 추상적으로 정교화하고 범주 간의 관계성 등을 분석하는 데 초점을 두도록 한다.

그림 5 이론적 표집

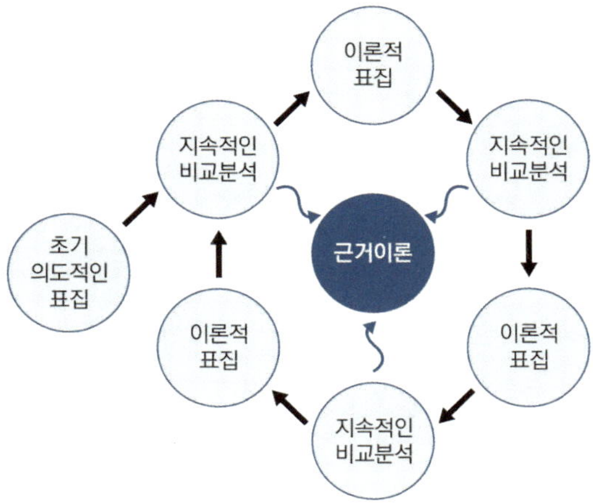

출처: Birks & Millis(2015), p. 79.

연구 참여자 선정 기준　　연구 표집 방법에 대한 설명과 함께 실제로 연구에 참여한 대상의 선정 기준 등에 관해 다음과 같이 설명하도록 한다.

- 연구 참여자 선정기준(selection criteria); 연구 참여자 선정 기준에 관해 구체적으로 설명. 예를 들어, 연령, 성별, 직위(급), 경력, 지역, 경험의 정도 등이 포함될 수 있으며, 통상 3~5개 정도의 기준을 선정하여 연구 참여자 선정 기준의 이유를 소상하게 설명. 무엇보다도 연구 목적 달성에 도움이 되고 의도적 표집의 원리를 토대로 납득할 만한 연구 참여자를 선정하였다는 점을 부각하여 기술
- 연구 참여자 개개인에 관한 기술; 연구와 관련된 연구 참여자의 주요 프로

필을 표 등의 형태로 제시하기도 하며, 종종 연구 참여자별로 하나의 문단 분량으로 기술하기도 함

- 연구 참여 동의; 학위논문의 경우 연구자가 연구 참여자에게 제공했던 연구 참여 동의서 샘플을 부록에 제시하고 본문에서 설명하며, 저널 아티클에서는 본문에서 간단하게 언급

자료 수집

이 섹션에서는 자료 수집의 방법, 절차, 기간 등에 관해 구체적으로 설명한다. 근거이론 방법에서는 인터뷰, 관찰, 문서 등의 방법으로 자료를 수집하게 되며, 인터뷰가 주요한(primary) 자료 수집 방법으로 널리 활용된다.

인터뷰 인터뷰는 질적 연구에서 자료 수집에서 가장 널리 쓰이고 있는 방법이다. 연구의 목적과 연구 문제에 의해 유도되어 중심현상과 관련된 정보를 습득하려는 목적으로 이루어지는 연구자와 연구 참여자 간의 의도적인 대화라고 볼 수 있다. 즉 연구 참여자가 과거로부터 어느 시점까지 경험했던 현상을 유목적인 의사소통 과정을 통해 경험을 추적하여 연구 참여자들의 경험 또는 관련 사회 현상을 심층적으로 이해하고 해석하려는 과정이다. 인터뷰는 시간과 공간의 제약으로 직접 경험하기 어려운 현상에 관한 경험적 정보를 수집할 수 있다는 점에서 근거이론 연구를 포함한 질적 연구방법에서 주요한 자료 수집 방법으로 널리 활용되고 있다. 인터뷰의 주요 특징을 정리하면 다음과 같다.

- 즉각적인 피드백, 캐묻기(probing) 등이 가능
- 진행에 있어 유연하고 융통적임
- 시간과 비용이 상대적으로 많이 소요
- 인터뷰 기술과 언어능력 중요
- 인터뷰 텍스트를 해석하고 분석하는 능력이 중요

일반적인 인터뷰 절차는 다음과 같으며, 인터뷰 질문은 [그림 6]과 같이 서론에서 제시한 연구문제에 대한 답을 얻을 수 있는 문항으로 구성한다.

- 연구문제를 토대로 예상 질문 문항 뽑아내기
- 필요시 전문가 검토, 동료 검토, 예비시행
- 인터뷰 가이드 완성
- 연구 참여자 선정 및 인터뷰 실시
- 분석을 위해 인터뷰 자료(녹음, 노트 등) 처리

그림 6 연구문제와 인터뷰 질문

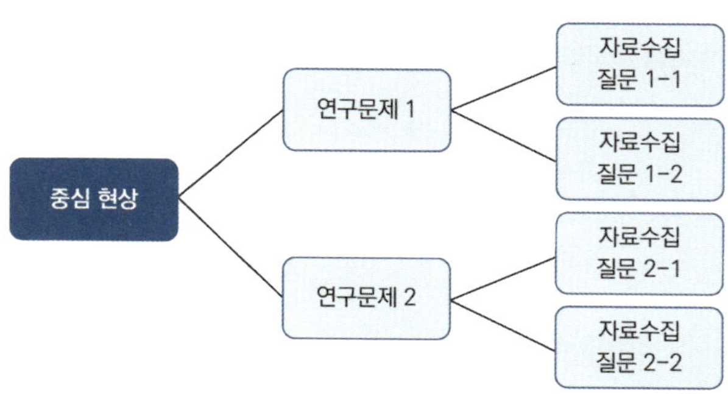

인터뷰의 유형은 다양한 형태로 분류할 수 있으나 구조화된 정도에 따라 구분할 수 있다. 구조화된(structured) 정도가 높을수록 인터뷰 수행의 효율성이 높고 표준화된 방법으로 정보를 얻을 수 있다. 반면 비구조화된(unstructured) 정도가 높을수록 풍부하고 진솔한 자료를 얻을 수 있는 가능성이 높아진다. 근거이론 연구에서는 일반적으로 반구조화된(semi–structured) 인터뷰를 많이 사용한다. 구조화된 인터뷰에서처럼 엄격하게 작성된 인터뷰 질문은 정하지 않으며, 질문을 위한 가

그림 7 반구조화된 면담지의 예시

인터뷰 가이드

연구주제: 학교현장에서 교사의 학습과정 탐색

1. (신규시절) 선생님께서 담당하셨던 교과수업과 관련하여 어려웠던 점들에 대해서 이야기해 주십시오.
   - 수업시수, 체제
   - 교과담당자로서 필요한 지식(교육과정)
   - 학생들 수준(개인차)
   - 수업관련 학교의 지원

2. (신규시절) 학생들의 생활지도와 관련하여 어려웠던 점들에 대해서 말씀해 주십시오.
   - 생활지도관의 차이(교사간, 학교와 교사)
   - 학부모의 지원, 협력
   - 학생의 돌출행동

3. (신규시절) 선생님께서 담당하셨던 행정적 업무처리와 관련하여 어려웠던 점들에 대해서 이야기해 주십시오.
   - 문서처리
   - 동료교사의 협력
   - 수업결손

출처: 유기웅 외(2018). p. 263.

이드 정도를 준비하여 인터뷰를 실시하고, 연구목적에 부합하는 범위에서 유연하게 캐묻기 등을 실시하는 형태이다.

관찰, 문서 인터뷰 이외에도 관찰, 문서 방법 등을 활용하여 자료를 수집할 수 있다. 관찰을 통해 관찰 대상의 행동, 현장의 물리적, 사회적, 감성적 환경, 비언어적 의사소통 등 행위자들의 행동과 현상에 대해 질적으로 풍부한 자료를 얻을 수 있다.

질적 연구의 자료 수집 방법으로서의 문서는 주제와 관련된 다양한 형태의 시각적·물리적 형태의 자료를 의미하며, 일반적으로 각종 문서, 컴퓨터로 작성된 문서, 인쇄물, 사진, 각종 인공물(artifacts) 등이 포함된다. 연구 문제 해결에 도움이 되는 적절한 문서를 수집하고 문서의 진위(authenticity) 및 신빙성을 파악하여 활용하는 것이 중요하다.

자료 분석

이 섹션에서는 수집한 자료를 어떤 원리와 절차에 따라 분석했는지에 관해 구체적으로 설명하게 된다. 자료 분석은 수집된 자료 안에서 연구 문제의 해답을 얻는 과정이다. 자료 분석의 대상은 인터뷰 자료, 관찰 자료(관찰 노트), 문서 자료 등이다. 대부분의 경우 텍스트화된 질적 자료를 통해 분석이 이루어지게 되며, 주로 인터뷰 자료를 전사(transcription)하여 녹취록을 작성한 후, 이 녹취록을 분석하는 과정으로 이해되고 있다. 근거이론 연구에서의 일반적인 자료 분석의 순서는 다음과 같다.

- 수집된 음성 자료를 전사하여 녹취록 작성
- 녹취록, 관찰 노트, 문서 등을 읽고 코딩
- 단계별 코딩을 통한 이론 생성

반복적 비교분석법 근거이론 방법에서 자료 분석의 기본 원리는 반복적 비교분석이다. 반복적 비교분석법(constant comparative method)의 원리에 따라 복잡하게 흩어져 있는 원자료(raw data)를 지속적인 비교 분석 과정을 통해 추상적인 개념과 범주를 만들어내고, 관계성 분석, 이론적 통합 과정을 통해 이론을 생성해 가게 된다. 반복적 비교분석법은 Glaser와 Strauss(1967)에 의해서 제시된 근거이론 방법의 자료 분석 기법으로 연구에서 초점을 두고 있는 현상과 형성되는 개념, 범주 간의 공통점, 유사점, 차이점 등을 비교하고 관계성을 분석하여 보다 추상적인(abstract) 범주로 정교화하여 이론을 생성해가는 과정이다.

텍스트로 된 원자료(녹취록 등)는 있는 그대로의 형태로 연구 결과에 제시하지는 않는다. 원자료를 정제하고 가공하여 독자들이 현상을 깊이 있게 이해하고 이론을 이해할 수 있도록 자료 분석을 실시해야 한다. [그림 8]에서 보듯이 현상－현상, 현상－개념(지표), 현상－범주(코드, 카테고리), 개념－개념, 개념－범주, 범주－범주 등의 지속적인 비교를 통해 추상성이 높은 개념과 범주를 만들어 내고 범주 간 관계성을 분석·통합하여 이론을 생성하게 된다. 반복적 비교분석은 모든 분석이 끝날 때까지 지속되는 활동이며, 이론적 표집의 진행과 포화를 통해 자료 수집을 종료하는 활동과도 밀접하게 맞물려 있다.

그림 8 반복적 비교 과정

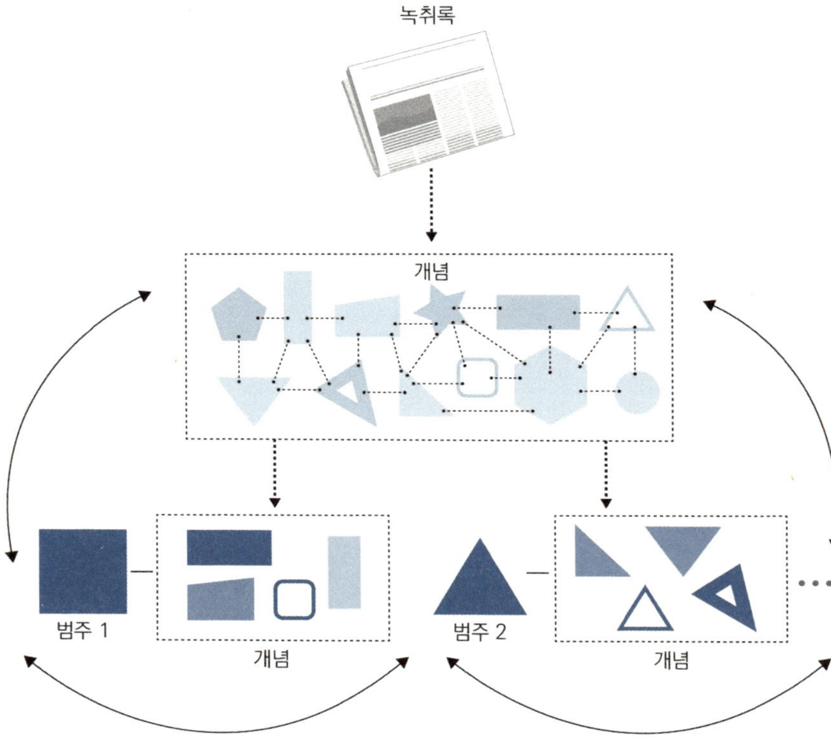

자료 분석의 단계 수집된 질적 자료는 기본적으로 반복적 비교분석의 원리에 따라 분석이 진행되지만, 이론을 생성하기까지의 분석 단계에는 약간의 차이가 있다. 즉 근거이론 방법의 특정 원리나 접근방법에 따라 분석의 절차가 달라질 수 있다. 크게 Glaser 방법과 Strauss 방법으로 구분할 수 있는데, Glaser 방법에서는 개방 코딩(open coding), 선택 코딩(selective coding), 이론 코딩(theoretical coding) 순서로, Strauss 방법에서는 개방 코딩, 축 코딩(axial coding), 선택 코딩 단계로 분석이 진행된다.

이외에도 구성주의적 접근방법을 제시한 Charmaz(2006)의 경우 초기 코딩(initial coding), 초점 코딩(focused coding) 또는 축 코딩, 이론 코딩 단계로 구분하였다. 이밖에도 비교적 최근 근거이론의 실용적인 가이드를 제시한 Urquhart(2013)는 개방 코딩, 선택 코딩, 이론 코딩의 단계로, Birks와 Mills(2015)는 1차 코딩(1st stage coding), 2차 코딩(2nd stage coding), 3차 코딩(3rd stage coding) 단계로 분석 단계를 제안하였다.

이들이 제시한 분석 과정은 약간의 차이가 있지만, 몇 가지 공통점이 있다. 첫째, 대부분의 경우 3단계 분석 과정을 거쳐 이론 생성에 다다른다는 점이다. 둘째, 분석의 시작 단계는 명칭은 약간씩 다르지만 모두 개방 코딩(초기 코딩, 1차 코딩)으로 시작한다는 점이다. 셋째, 마지막 세 번째 단계에서 이론을 도출한다는 점이다. 어떠한 분석 절차를 거치든 간에 근거이론 방법을 통해 결과물로서 제시해야 할 것은 바로 이론이다.

제2장 근거이론을 통해 '생성되는 이론'에서 전술하였듯이, 일반적으로 이론은 어떠한 사건, 현상에 대해 체계적이고, 타당하고, 유용하고, 예측 가능한 설명을 제공하는 논리적 체계를 의미한다. 근거이론 방법을 통해 이론을 생성한다는 것은 어떠한 사건이나 현상에 대해 경험적 자료에 근거하여 추상성이 높은 개념을 만들고, 이 개념 간의 관계를 분석하여 설명력과 예측력이 통합된 하나의 논리적 체계를 만들어내는 것이다. 따라서 수집한 자료를 통해 어떻게 이론을 생성할 것인지는 이론이 가지고 있는 기본적인 특성이 명확하게 드러나도록 분석 단계를 구성하는 것이 핵심이다. 이론의 기본적인 개념을 통해서 알 수 있듯이, 이론의 기본적인 특성은 현상에 대한 설명력과 예측력이라고 볼 수 있다.

그림 9 생성되는 근거이론의 특성

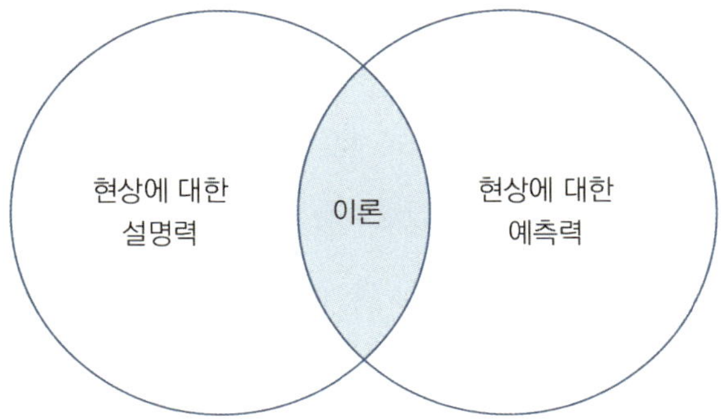

요컨대, 근거이론 연구에서의 분석의 과정은 바로 첫째, 현상을 체계적이고 타당하게 설명해줄 수 있는 설명력을 지닌 이론의 형성, 둘째, 현상에 대한 체계적인 이해를 바탕으로 예측력 있는 논리적 체계를 형성하는 것에 초점을 두어야 한다. 이러한 논리에 따라 이 책에서는 분석 단계를 [그림 10]과 같이 '현상 이해 분석' 단계(1단계), '범주 관계성 분석' 단계(2단계), '이론 통합 분석' 단계(3단계)의 3단계로 제시하고자 한다.

그림 10 근거이론 분석의 3단계

[그림 11]은 근거이론을 통해 생성되는 이론의 특성과 3단계 분석의 관계를 보여주고 있다. 1단계 현상 이해 분석은 '현상에 대한 체계적인 설명력'에 주로

초점을 맞추고 있으며, 2단계 범주 관계성 분석은 '현상에 대한 예측력' 분석을 위한 과정이다. 3단계 이론 통합 분석은 '현상에 대한 설명력'과 '현상에 대한 예측력'에 주로 초점이 맞추어져 있는 분석 과정이다.

그림 11 근거이론 분석의 3단계와 생성되는 이론

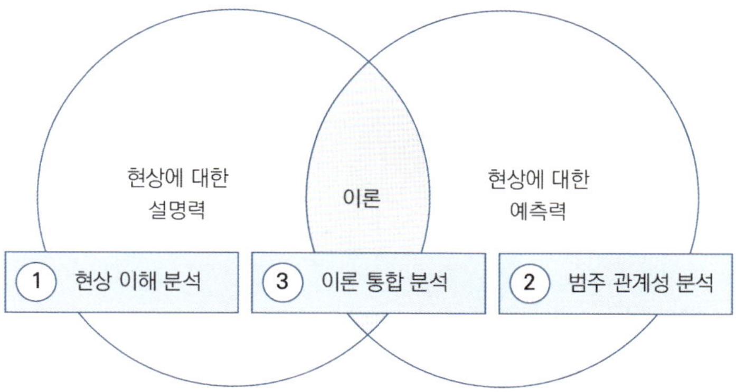

한편 많은 근거이론 방법의 분석 단계에서 사용하고 있는 코딩(coding)이라는 용어는 사용하지 않기로 하였다. 엄밀히 이야기하면 코딩은 분석의 과정에서 어떠한 자료나 대상에 대해 의미 있는 표현(단어 또는 어구) 등을 부여하는 것을 의미한다. 근거이론 연구의 모든 분석 단계에서 의미 있는 단어나 어구 등을 부여하지는 않는다. 주로 1단계에서 추상성이 높은 의미 덩어리로 자료를 묶어 개념화 또는 범주화하는 과정을 코딩 작업이라고 부를 수 있다. 범주 간의 관계성을 분석하거나 이론을 생성하는 분석 단계에서 코딩이라는 용어를 사용하는 것은 잘 맞지 않다. 이 책에서는 코딩이라는 용어보다 일반적인 개념인 분석(analysis)을 사용하기로 한다.

현상 이해 분석 단계 자료 분석의 첫 번째 단계이며, 근거이론 방법에서 공식적인 분석의 시작이다. '현상 이해 분석'이란 수집되어 흩어져 있는 자료를 반복적 비교분석을 통해 추상성이 있는 의미 덩어리로 묶어 내어 개념과 범주를 도출하고 이에 대한 해석을 통해 해당 현상을 체계적이고 심층적으로 이해하는 분석과정을 의미한다. Glaser나 Strauss의 방법, 기타 근거이론 방법에서 공통적으로 제시하고 있는 개방 코딩(open coding) 단계라고 볼 수 있다.

여기에서 '현상'은 연구에서 다루고 있는 중심현상(연구주제)을 의미하여, '이해'는 연구를 통해 생성하고자 하는 이론을 통해서 얻게 되는 앎을 의미한다. 즉 현상 이해 분석을 통해 현상에 대한 설명력 있는 이해를 하게 된다. 현상에 대한 설명력 있는 이해는 근거이론 연구를 통해 생성되는 이론이 지니고 있는 첫 번째 특성이다. '현상 이해 분석'에서의 주요 과업은 다음과 같다.

- 줄 단위, 문장 또는 문단 단위 읽기 분석을 통해 개념 도출하기
- 도출된 개념을 토대로 범주 도출하기
- 도출된 개념, 범주에 관한 설명과 해석

'현상 이해 분석'을 통해 얻게 되는 직접적인 결과물은 '개념'과 '범주'다. '개념(concept)'은 어떠한 사건 또는 현상에 이름이 붙여진 것으로, 자료 내에서 의미심장한 사건, 물체, 행위, 상호작용 등에 추상적으로 의미를 부여하여 명명(labeling)한 것을 말한다. 예를 들어, 녹취록에서 "저는 나이에 대해서 할 말이 진짜 많아요. 저는 나이를 잘 안 밝힙니다. 제가 나이가 어리거든요. 그래서 나이를 웬만하면 얘기를 안 해요. 나이를 얘기하면 그때부터 말이 짧아지면서, 네가 아직

어려서 몰라서 그래…"라는 부분을 '나이에 의한 차별', '연령차별의 폐해', 또는 '어리다고 무시당함' 등으로 개념화 할 수 있다. 자료를 분석하는 과정에서 어떠한 사건 또는 물체라도 다른 방식으로 명명될 수 있으며, 대상에 내재된 특징, 속성, 맥락 등을 파악하여 이를 대표할 수 있는 이름을 부여하는 것이 중요하다.

그림 12 • 개념화의 원리

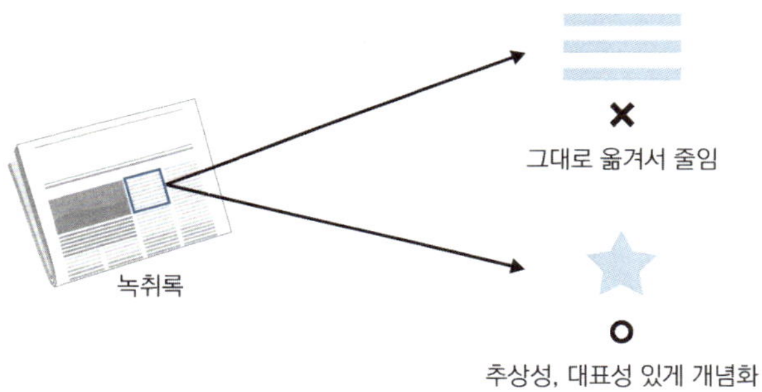

[그림 12]는 개념화의 원리를 나타내고 있다. 개념화 작업은 단순하게 원자료에서 단어나 어구 등을 끄집어내어 내용을 줄임 형태로 만드는 과정이 아니다. 개념화 작업은 연구자가 자료를 읽고 분석하는 과정에서 머릿속에 떠오르는 추상적이고 대표성 있는 의미로 명명하는 과정이다. 하지만 때로는 기존 문헌을 참고할 수도 있으며, 연구 참여자가 응답한 용어나 어구 등을 그대로 개념으로 사용하기도 한다(인비보 코드, in-vivo code). 전술하였듯이 분석하는 사람에 따라 다른 방식으로 개념화가 될 수 있으나 대상에 내재되어 있는 특징, 속성, 그리고 해당 현상이 벌어진 맥락이 잘 드러나도록 해야 한다. 기존 문헌과 인비보 코드를 지나치게 많이 사용하는 것은 좋지 않으며, 연구자의 창의성과 주제에 대한 민감성

또는 통찰력을 활용하여 개념화를 진행하는 것이 좋다.

'범주(category)'는 동일한 특성을 가진 부류를 의미하는데, 개념화를 통해 도출된 개념을 동일한 성질을 갖는 부류로 묶어내어 대표성이 있는 의미를 부여하여 명명한 것을 말한다. 예를 들어, '나이에 의한 차별', '연령차별의 폐해', '어리다고 무시당함' 등의 개념을 대표할 수 있는 '연령주의에 의한 불평등한 권력관계 인지'라는 범주로 무리 지을 수 있다. [그림 13]은 범주화의 원리를 나타내고 있다. 범주는 개념화를 통해 도출되어 축적된 복수의 개념들을 그룹화(grouping)하여

그림 13 • 범주화의 원리

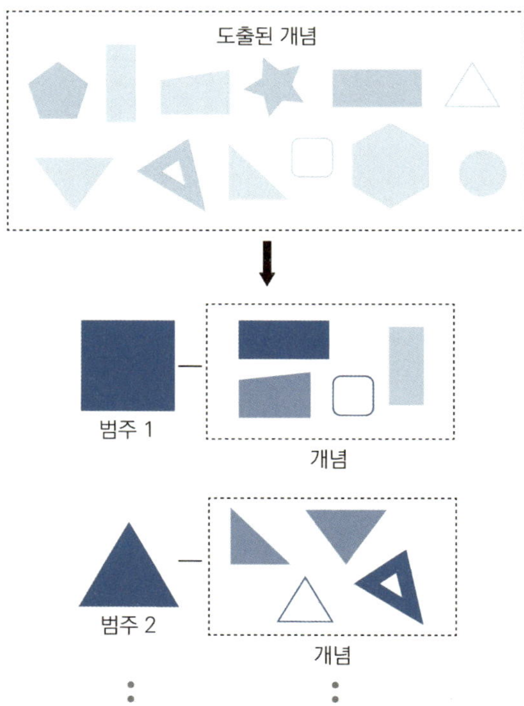

추상성과 대표성이 있는 범주로 명명하는 작업이므로, 순서상 개념화 작업이 끝난 후 실시한다.

범주화 작업은 개념화 작업과 마찬가지로 연구자가 자료를 읽고 도출된 개념들을 분석하는 과정에서 머릿속에 떠오르는 추상적이고 대표성 있게 명명하는 과정이다. 하지만 때로는 기존 문헌을 참고할 수도 있으며, 연구 참여자가 응답한 용어나 어구 등을 그대로 범주명으로 사용하기도 한다(인비보 코드, in-vivo code). 분석하는 사람에 따라 다른 방식으로 범주화가 될 수 있으나 도출된 개념들과 대상에 내재되어 있는 특징, 속성, 그리고 해당 현상이 벌어진 맥락이 잘 드러나도록 해야 한다.

개념과 동일하게 범주의 경우에도 [그림 13]에 제시되어 있는 범주 1(네모)이 의미하는 바가 무엇인지, 왜 이렇게 범주화를 하였는지, 어떤 맥락에서 이렇게 범주화하였는지, 다른 개념 또는 범주와 어떤 차이점과 공통점이 있는지 등에 관해 분석적 노트를 작성하도록 한다. 분석 메모는 일반적으로 연구의 결과물로 공개하지는 않는다.

그림 14 현상 이해 분석의 결과물

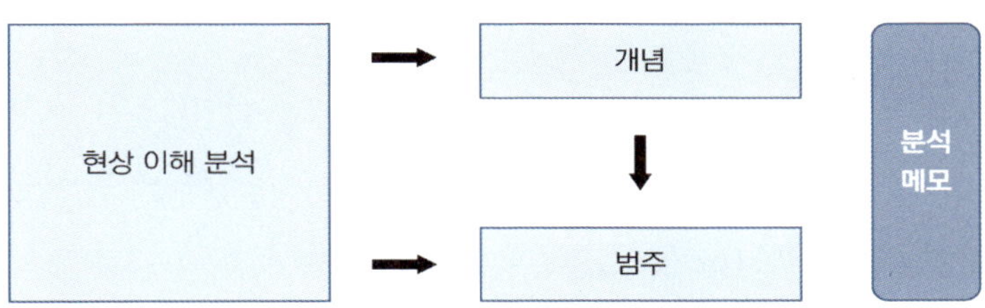

'현상 이해 분석'의 결과물은 [그림 14]와 같다. 흩어져 있으며 명확하게 잘 드러나지 않는 원자료를 반복적 비교분석을 통해 추상성이 있는 의미 덩어리로 묶어 내어 개념과 범주를 도출하고 이에 대한 해석을 통해 해당 현상을 체계적이고 심층적으로 이해하는 원리를 나타내고 있다. 종종 개념과 범주를 표로 정리하여 제시하고, 이에 대한 해석을 심층적으로 기술한다.

범주 관계성 분석 단계 자료 분석의 두 번째 단계이다. '범주 관계성 분석'이란 '현상 이해 분석' 단계를 통해 도출된 범주들 간의 관계성을 분석하고 이에 대한 해석을 통해 현상에 대한 체계적인 이해를 강화하고 예측력 있는 이론을 생성하는 데 필요한 논리적 체계를 구축하는 과정을 의미한다. 이론은 연구의 객체의 속성을 집단화 한 개념 간의 관계를 기술하거나 설명한 것을 의미한다(채서일, 2013). Giddens와 Sutton(2017)에 따르면 사회적 현상은 별다른 이유 없이 무작위로 일어나지 않기 때문에 자연과학에서와 마찬가지로 사회과학에서 연구하고자하는 모든 현상은 원인이 존재한다는 전제에서 출발하며, 사회과학 연구의 주된 임무는 이러한 인과관계를 밝히는 것이라는 점을 강조하였다.

근거이론을 통해 생성하는 이론이 현상을 체계적으로 설명하고 예측할 목적으로 현상 간의 관계를 논리적으로 설명하는 체계를 제시한다는 점에서 관계성에 대한 분석은 이론 형성에 있어 빼놓을 수 없는 중요한 과정이다. 이 단계는 Strauss와 Corbin(1998)이 제시한 축 코딩(axial coding) 과정과 유사하다. 축 코딩에서는 개방 코딩에서 도출된 하나의 범주를 축으로 하여 어떻게 다른 범주들이 서로 교차하고 연결되는지를 패러다임(paradigm)이라는 일정한 틀에 따라 분석하여 범주들 간의 관계성을 분석한다. Strauss와 Corbin(1998)이 제안한 축 코딩 방법에 대해

Glaser(1992)는 근거이론의 핵심원리인 '귀납'과 '출현'에 충실하지 않고 '강제', '억지로 끼워 맞추는 방식'이라고 비판하면서 복잡하고 부자연스러운 Strauss와 Corbin 방식보다는 자신의 방식이 자연스럽고 간결하다는 점을 주장하였다.

자료 분석의 1단계인 '현상 이해 분석'에서 도출된 범주들 간의 관계를 체계적으로 분석하기 위해 관계성을 분석하는 개념적 틀(frame)은 유용하게 활용될 수 있다. 특히 '현상 이해 분석'에서 도출된 범주는 특성상 여러 개의 범주들로 이루어져 있고 나열식으로 되어 있어 이들 간의 관계성을 분석하기란 여간 쉽지 않다. 이러한 취지에서 Strauss와 Corbin(1998)이 제안한 패러다임 틀은 복잡다단한 현상을 보다 체계적이고 구조적으로 분석하여 현상에 대한 이해도를 높이고 유사한 현상에 대한 예측을 도와줄 수 있는 개념적 분석 틀이라는 점에서 의의가 있다. 물론 연구자가 범주들 간의 관계성 분석에 능란하다면 이렇게 주어진 틀은 필요가 없을 수도 있다. 하지만 실제 연구에서 다루고 있는 현상과 '현상 이해 분석'으로 도출된 범주들이 단순하지 않고 복잡하다는 점에서 이들 범주들 간의 체계적인 관계성 분석을 도와주는 일종의 틀은 연구자들에게 도움을 줄 수 있다. '범주 관계성 분석'에서의 주요 과업은 다음과 같다.

- 관계성 분석 틀에 따라 인과적 관계 분석
- 과정적 관계 분석
- 미시적–거시적 관계 분석

첫째, '관계성 분석 틀'은 '현상 이해 분석'을 통해 도출된 범주 간의 인과적 관계를 분석하기 위한 개념적 틀을 의미한다. 전술하였듯이, Giddens와 Sutton

(2017)에 따르면 사회적 현상은 별다른 이유 없이 무작위로 일어나지 않기 때문에 자연과학에서와 마찬가지로 사회과학에서 연구하고자 하는 모든 현상은 원인이 존재한다는 전제에서 출발하며, 사회과학 연구의 주된 임무는 이러한 인과관계를 밝히는 것이라는 점을 강조하였다. 인과관계가 중요한 이유는 과학의 목적이 일반 현상에서 인과관계를 분석하는 것이기도 하지만 인과관계에 기반한 지식과 이론의 형성은 과학에 있어 상당한 가치가 있기 때문이다(채서일, 2013). 따라서, '관계성 분석 틀'의 주요 뼈대는 연구대상으로서의 사회적 현상의 인과관계를 밝히는 것이다. 연구대상으로서의 사회적 현상은 연구에서 초점을 두고 있는 중심 현상으로서 연구의 주제이기도 하다.

그림 15 인과관계

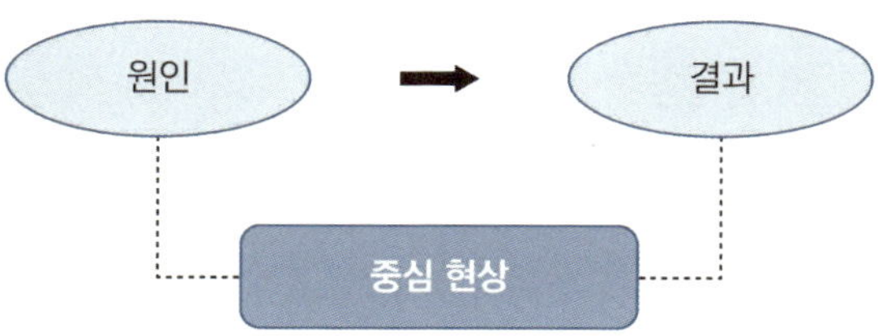

근거이론 방법에서 바라보는 사회는 상호작용하는 행위자들로 이루어져 있으며, 개인과 집단은 근본적으로 사회적 행동 안에 존재한다는 점이다. 인간은 타인, 집단, 사회, 사건, 현상 등에 대하여 각자 지니고 있는 의미를 바탕으로 행동하고 상호작용하며, 이러한 상호작용으로부터 의미를 생성하고 해석한다는 것이다. 인간의 이러한 사회적 행동과 집단적 생활은 사회나 집단의 구성원으로서 상호작용을 통해 연합행동을 형성해나간다는 것이다.

근거이론의 이러한 기본 전제는 연구대상으로서의 사회적 현상은 인간의 사회적 행위와 상호작용을 통해 만들어진다는 점이다. 따라서 인과관계는 단순히 자연적으로 일어나는 현상이 아니라 사회적 주체로서 인간이 문제 상황에 행동(actions)과 상호작용(interactions)을 통해 개입하여 성립된 관계라는 점이다.

그림 16 인과관계와 행동/상호작용

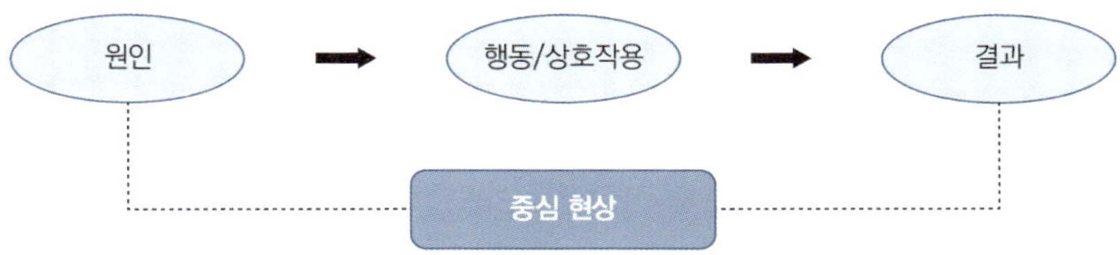

근거이론 방법에서 연구대상으로서의 사회적 현상은 특정한 상황과 맥락에서 발생한다는 점을 전제로 한다. 특정 현상이 발생하는 데 있어 작용하는 상황적 조건들은 무엇이며, 어떻게 개입하였는지를 분석하는 것은 해당 현상을 심층적으로 이해하고 앞으로 이와 유사한 현상을 예측하는 데 있어 도움을 줄 수 있다. 여기에서 말하는 상황적 조건(situational conditions)은 원인, 행동/상호작용, 결과 등이 일어나는 데 관여가 되어 있는 상태, 요소, 조건 등을 말하는 것으로, 인과적 관계가 발생하는 데 관여가 되는 다양한 조건, 상태, 환경적 요소, 배경적 조건, 구조적 조건 등을 포함한다.

그림 17 관계성 분석의 틀

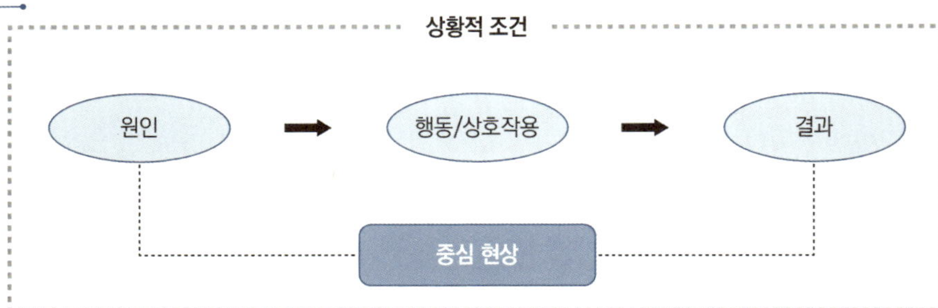

요컨대, 관계성 분석을 위한 틀은 [그림 17]과 같이 설정할 수 있다. '현상 이해 분석' 단계에서 도출된 범주를 토대로 행위자의 행동과 상호작용이 개입되어 있는 인과적 관계를 분석하고, 이러한 관계에 관여가 되어 있는 상황적 조건을 파악하여 설명함으로써 현상에 대한 이해도를 보다 높이고 유사한 현상을 예측하도록 돕는 일종의 분석적·개념적 틀(analytical and conceptual framework)이다.

[그림 18]은 '현상 이해 분석' 단계에서 도출된 범주들이 관계성 분석 틀에 적용된 예시이다. 붉은색으로 되어 있는 도형은 범주를 나타내는데, 예를 들어, 원인으로 분석된 범주는 사각형과 원이며, 행동/상호작용은 오각형과 하트 모양, 결과는 별 모양과 삼각형, 그리고 상황적 조건으로는 다각형과 도넛 모양 등이다.

둘째, 과정적 관계 분석이다. 관계성 분석 단계에서 진행되는 과정적 관계(process relationship) 분석은 '현상 이해 분석' 단계에서 도출된 범주들을 과정적 경험 궤적성(trajectory)에 기반하여 시간의 흐름에 따라 일정한 변화 단계를 거치면서 변화하는 상태를 설명하는 것을 의미한다. 제2장의 연구주제 장에서도 언급하였듯이, 여기에서 말하는 과정적 경험 궤적이란 연구 참여자가 경험한 자취 또는

그림 18 관계성 분석의 틀의 활용

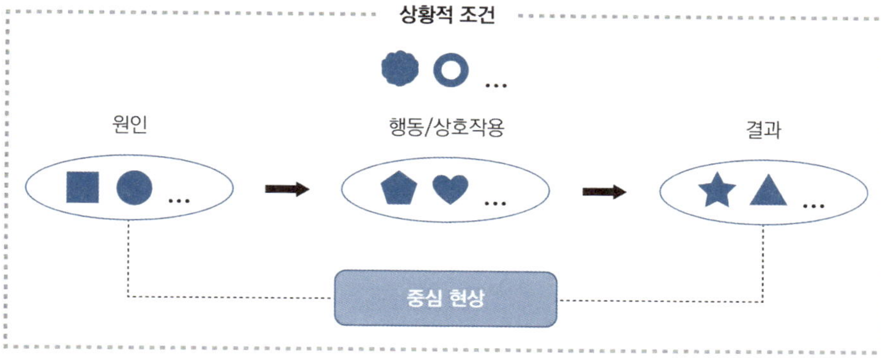

흔적이 시간의 흐름에 따라 일정한 단계를 거치면서 변화하는 현상을 의미한다.

연구대상으로서의 사회적 현상의 과정적 관계를 분석한다는 것은 이론 구축에 있어 본질적인 작업이며, 과정이 없는 이론은 필수 요소를 결여한 것과 같다(Strauss & Corbin, 1998). 어떠한 현상 또는 사건의 과정을 분석하는 것은 해당 현상을 깊이 있게 이해하거나 예측하는 데 있어 중요하게 작용한다. 무엇보다도 근거이론 방법에서 초점을 다루고 있는 현상은 하나의 단편적인 시점이나 순간에 발생하는 것이라기보다는 일정한 시공간에서 주어진 맥락과 상황적 특성의 영향을 받으면서 행동과 상호작용을 통해 발생한 현상이다. 따라서, 과정을 분석한다는 것은 연구대상으로서의 사회적 현상에 대한 포괄적인 이해와 그 이유나 원인을 설명하는 데 도움을 줄 수 있어, 이론의 형성, 즉 현상에 대한 심층적 이해와 예측력을 높이는 데 기여하게 된다.

[그림 19]는 '현상 이해 분석' 단계에서 도출된 범주들을 활용한 과정적 관계 분석을 나타내고 있다. 붉은색으로 되어 있는 도형은 범주를 나타내며, 연구 참여

그림 19 과정적 관계 분석

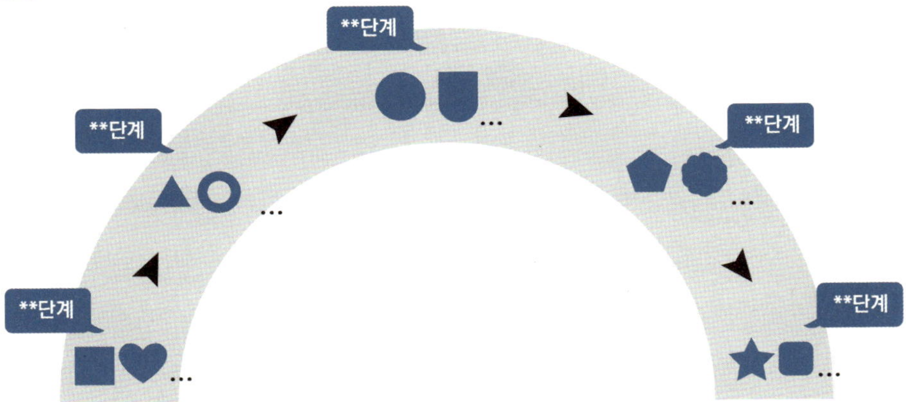

자가 경험한 현상이 시간의 흐름에 따라 첫 번째 단계에서 발단이 되어, 다음 단계를 거쳐 마침내 마지막 단계에 다다르게 되어 과정적 관계를 형성하고 있다는 점을 의미한다.

셋째, 미시적–거시적 관계 분석이다. 관계성 분석 단계에서 진행되는 미시적–거시적 관계(micro–macro relationship) 분석은 '현상 이해 분석' 단계에서 도출된 범주들을 미시성 및 거시성 차원에 기반하여 개인적 차원으로부터 사회적 단위 전체까지 연계하여 사회적 현상을 설명하는 것을 의미한다. 미시적이라 함은 개인적 차원에서의 행위, 상태, 경험을 지칭하는 것이고, 거시적이라 함은 사회적 단위 전체와 관련되어 있는 행위, 상태, 관계 등을 지칭한다.

미시–거시 연계는 모든 사회학적 이론들이 염두에 두고 있는 현상이며(이재열, 1996), 사회현상을 완전하게 이해하기 위해서는 미시적–거시적 사회관계 및 행위를 연계하여 분석하는 것이 중요하다(장경섭, 1994). 사회 구성원으로서 개인은 행위자로서 미시적 수준에서 개인 행위의 결과는 거시적으로 사회 전체에 영향을 미치게 된다. 사회 구성원으로서의 개인은 또한 특정한 사회적 제도, 규범, 문화, 종교 등 사회 구조적인 요인에 의해 영향을 받는 존재이기도 하다. 따라서 미시적-거시적 관계를 분석한다는 것은 사회현상을 온전하게 이해하기 위해 필요하며, 해당 현상에 관한 원인과 결과를 설명하는 데 도움을 줄 수 있어, 이론의 형성, 즉 현상에 대한 심층적 이해와 예측력을 높이는 데 기여하게 된다.

[그림 20]은 '현상 이해 분석' 단계에서 도출된 범주들을 활용한 미시적-거시적 관계 분석을 나타내고 있다. 붉은색으로 되어 있는 도형은 범주를 나타내며, 개인적 차원에서의 행위와 사회 구성원 간 상호작용을 통해 그룹, 조직, 커뮤니티, 국가, 국제적 차원에 어떻게 연계되어 있다는 점에 초점을 두어 분석한다.

지금까지 살펴본 '범주 관계성 분석'의 결과물은 [그림 21]과 같다. '현상 이해 분석' 단계에서 도출된 범주 간의 관계성을 분석하는 것이 목적이다. 먼저 인과적 관계를 분석하고, 과정적 관계, 그리고 미시적-거시적 관계를 분석하여 결

그림 20 미시적-거시적 관계 분석

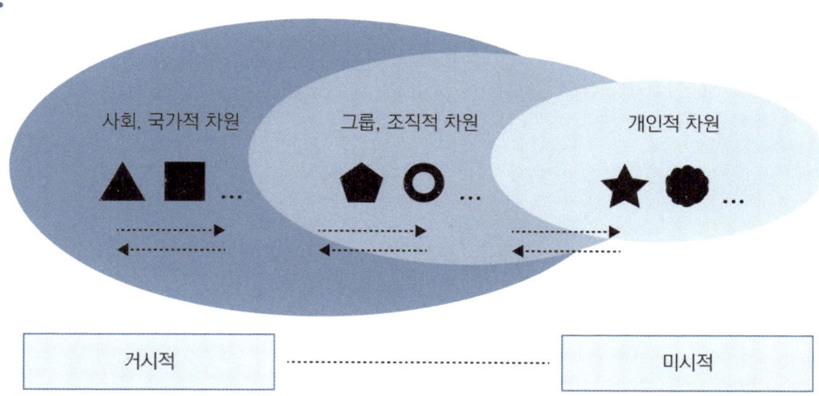

그림 21 범주 관계성 분석의 결과물

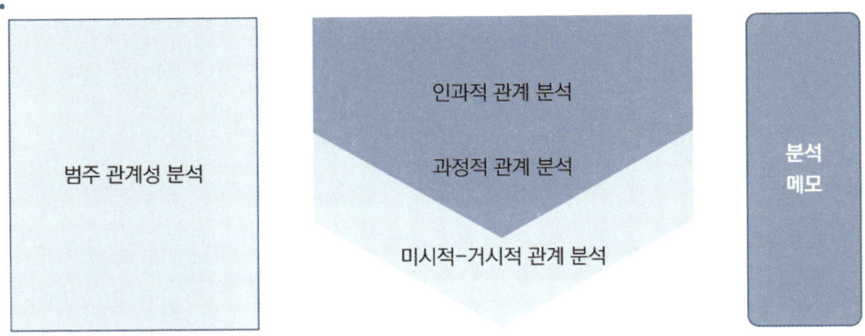

과를 설명한다. '현상 이해 분석' 단계에서와 마찬가지로 분석 메모 적기를 통해 범주 간 관계에 관한 연구자의 분석적 논리를 명확하게 하도록 한다.

이론 통합 분석 단계 자료 분석의 세 번째 단계이다. '이론 통합 분석'이란 '현상 이해 분석'과 '범주 관계성 분석' 단계를 통해 도출된 결과를 통합하여 이론을 생성하는 과정을 의미한다. Glaser나 Strauss의 방법, 기타 근거이론 방법에서 제시하고 있는 선택 코딩, 이론 코딩, 또는 3차 코딩 단계라고 볼 수 있다. 이 단계에서는 1단계와 2단계 분석의 결과를 토대로 연구 전체의 현상을 대표할 수 있는 핵심 범주(core category)의 도출, 이론 생성, 그리고 이론을 검증하는 과정으로 이루어진다.

첫째, 핵심 범주의 선정이다. '현상 이해 분석'과 '범주 관계성 분석' 단계를 거치면서 현상에 대한 이해와 범주 간의 관계가 명확해지게 되고, 연구자의 머릿속에 떠오르는 하나의 핵심적인 개념이 나타나게 된다. 핵심 범주는 연구에서 도출된 모든 개념과 범주를 대변하고 통합되어 있는 연구 전체의 핵심 범주로 해당 연구가 무엇인지를 추상적이고 응축적으로 설명하고 있는 개념이다(Strauss & Corbin, 1998).

핵심 범주는 '현상 이해 분석' 단계에서 도출된 범주 중에 하나를 선택한다기보다는 '현상 이해 분석'과 '범주 관계성 분석' 단계를 통해 생성되는 이론에 주목하여 추상성이 가장 높은 새로운 범주 하나를 만들어 내는 것이 좋다. 연구 전체를 대변하는 범주이므로 이 범주의 의미에 관한 충분한 설명이 뒷받침되어 자료에서 모순되는 사례나 대체 사례 등에 대해서도 설명할 수 있어야 한다. 핵심 범주의 선정 기준은 다음과 같다(Strauss & Corbin, 1998).

그림 22 핵심 범주

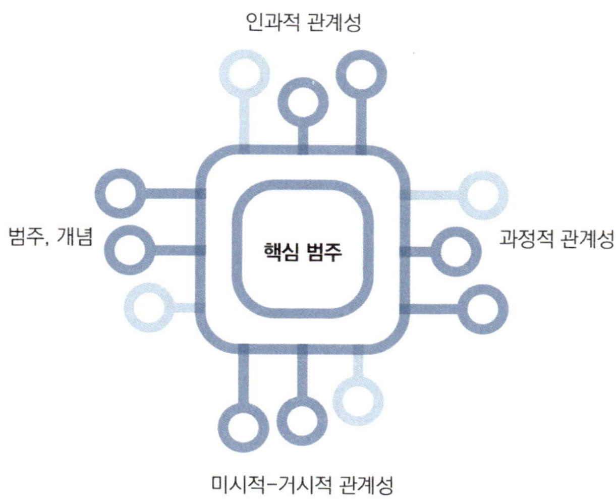

- 중심적이며 다른 범주가 연관되어 있어야 함
- 충분히 추상적이어야 함
- 자료에 빈번하게 등장하고 있어야 함
- 이론적 깊이와 설명적 힘을 지녀야 함

핵심 범주는 간단하면서 함축적인 단어 또는 어구를 사용하는 것이 좋은데, 단어를 너무 많이 사용하거나 길게 늘여 쓰는 문장 형태는 좋지 않다. 치매 노인을 돌보는 간호사의 간호 경험 과정 연구(김미영, 2001)에서의 핵심 범주는 "감싸 안음", 교사들의 디지털교과서 사용 경험에 관한 연구(송연옥, 변호승, 2012)에서의 핵심 범주는 "혁신의 고비 넘기", 결혼초기 부부의 적응과정에서 학습경험 탐색 연구(김한별, 2012)의 핵심 범주는 "진정한 배우자 되기" 등이 좋은 예이다.

둘째, 이론 생성이다. 도출된 핵심 범주를 중심으로 연구 결과를 정리하여 근거이론을 제안하는 단계이다. 다양한 방법으로 이론을 제시할 수 있으나, 시각화된 이론적 모형을 제시하고 이를 설명하는 방식이 일반적이다. 시각화된 이론적 모형은 주로 자연과학(natural sciences)에서 흔하게 볼 수 있지만, 최근 들어 사회학 또는 사회과학(social sciences) 분야에서도 유용하게 활용되고 있다(Swedberg, 2016). 시각화된 이론적 모형의 형태는 크게 이론화 작업 스케치(theorizing work sketches), 이론화 다이어그램(theorizing diagrams), 이론 그림(theory pictures)으로 구분할 수 있다(Swedberg, 2016). 시각화된 이론적 모형을 만들기 위한 절차는 다음과 같다.

- 연구 결과를 표현할 수 있는 다양한 이론적 스케치 작성
- 이론의 핵심적인 내용을 다이어그램 형태로 제시

- 이론적 스케치와 다이어그램을 통합하여 하나의 이론적 모형으로 통합하여 제시

[그림 23]은 이론을 생성하는 과정에서 작성된 스케치와 다이어그램을 토대로 시각화된 이론적 모형으로 발전시키는 예시이다. 이론적 모형은 연구 결과를 추상적이고 논리적으로 표현하는 실체로서 너무 많은 도형, 선, 화살표 등이 포함

그림 23 시각화된 이론적 모형 작성 과정 예시

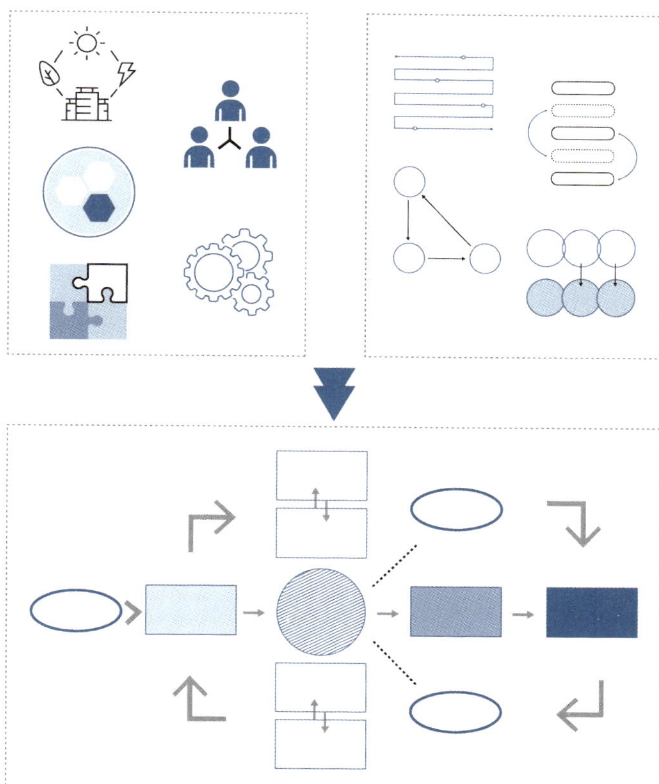

되어 복잡하게 보여서는 안 된다. 이론적 모형을 제시하고 난 후 이론에 관한 설명을 상세하게 기술하도록 한다.

셋째, 분석의 최종 작업은 이론 검증이다. 생성된 이론이 하나의 실체적 이론으로서 타당한지에 관해 확인하는 과정이다. Strauss와 Corbin(1998)이 제안한 방법을 토대로 이론 검증의 방법을 통해 이론의 현상 설명력과 예측력을 확인하는 방법은 다음과 같다.

- 연구 참여자들로부터 수집된 원자료를 이론적 모형에 적용하여 설명할 수 있는지를 확인
- 약간 명의 연구 참여자들에게 생성된 이론적 모형과 설명을 제시하고 타당성을 확인
- 잘 들어맞지 않거나 모순되는 현상에 대한 설명을 통해 이론의 적용 범위 및 설명력 강화
- 다수의 현상, 사례, 상황에 적용하여 전이성(transferability) 확인

지금까지 살펴본 '이론 통합 분석'의 결과물은 [그림 24]와 같다. '현상 이해 분석'과 '범주 관계성 분석' 단계에서 도출된 결과를 토대로 이론을 생성하는 것이 목적이다. 핵심 범주를 선정하고, 이론을 생성하며 생성된 이론을 검증하는 절차를 거치도록 한다.

그림 24 이론 통합 분석의 결과물

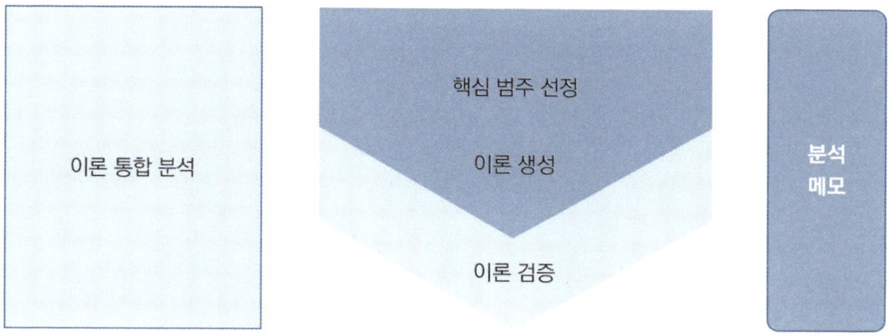

연구의 윤리성, 타당성, 신뢰성

연구방법의 마지막 하위 절에 해당하며 이 섹션에서는 근거이론 방법을 통해 연구를 수행하는 데 있어 요구되는 윤리성, 타당성, 신뢰성에 관해 설명한다.

연구의 윤리성 연구자는 근거이론 연구의 전 과정에서 올바르고 현명한 윤리적 판단으로 연구를 설계하고 진행해야 한다. 올바른 윤리적 판단을 하기 위해서는 연구 상황에서 직면하게 되는 다양한 윤리적 이슈와 이에 따른 윤리적 가이드라인을 숙지하고 준수해야 한다. 첫째, 근거이론 방법의 경우 연구 참여자가 인간(human subjects)이라는 점에 유념하여 연구 참여자에 대한 보호 차원에서 다음과 같은 사항을 고려해야 한다(유기웅 외, 2018).

- 자발적 연구 참여에 대한 동의 획득(연구 참여 동의서 형태)

- 연구 참여자의 권리 및 보호에 관한 사항 알리기(익명성 보호 등)
- 연구의 목적, 연구 방법, 연구 절차, 연구 결과 활용 등에 관한 사항 알리기
- 연구 참여에서의 위험성에 관한 사항 알리기
- 육체적, 정신적 상처 또는 존엄성에 미치는 영향을 최소화하기 위한 방향 강구(불쾌감, 불편함, 트라우마 재발, 창피함 등 최소화)

특히 최근에는 인간을 대상으로 하는 연구의 경우 피험자의 권리와 안전을 보호하기 위해 연구 및 실험기관 내에서 운영하는 기관윤리심사위원회(IRB, Institutional Review Board)를 운영하고 있는데, 이 위원회에서 정한 규정과 가이드라인에 따라 연구를 진행하는 것이 안전하다.

둘째, 자료 분석에 있어서의 윤리성 문제이다. 근거이론 방법의 특성상 연구자의 주관적인 판단이 자료의 분석에 적지 않은 영향을 미칠 수 있다. '현상 이해 분석' 단계에서 개념과 범주의 선정, '범주 관계성 분석' 단계에서 다양한 관계성의 설정, 그리고 '이론 통합 분석' 단계에서 핵심 범주의 선정과 통합된 이론의 생성의 모든 분석 과정에서 연구자로서의 기본적인 자질과 올바른 윤리의식이 요구된다. 수집된 원자료를 '나 이외에 다른 사람이 보지 못한다'라는 생각으로 원자료를 조작하거나, 미리 정해 놓은 특정한 결과로 이끌어가려는 '짜 맞추기'식의 분석은 절대 해서는 안 될 일이다. 이러한 '유혹'을 통제하기 위해 연구 결과에 대한 '연구 참여자 확인법(member checking)'을 활용하거나, 연구 진행 절차와 자료 분석의 과정을 상세히 기록하여 공개하는 '감사 추적법(audit trail)'을 활용하는 것도 좋다.

연구의 윤리성 확보

- 연구 참여자 보호와 권리에 관한 사항
  - 연구 참여 동의서 획득
  - 익명성, 프라이버시 보장
  - IRB 가이드라인, 규정 준수
- 자료 분석에서의 윤리성
  - 조작 또는 짜 맞추기식 분석 금물
  - '연구 참여자 확인법', '감사 추적법' 등의 활용

연구의 타당성 근거이론 방법에서의 타당성(validity)이란 연구에서 생성하려는 이론에 근거하여 해당 현상에 대한 체계적인 이해를 바탕으로 예측력 있는 이론을 충실하게 생성하였는가를 의미한다. 근거이론에서 타당성을 판단하는 주요 요소는 이론적 표집에 의해 타당한 연구 참여자의 선정, 현장조사의 엄격성, 자료 수집에 있어서의 다각화(triangulation), 체계적이고 엄격한 분석(systematic and rigorous analysis), 풍부하고 상세한 결과의 기술(rich and thick description), 그리고 생성된 이론이 하나의 실체적 이론으로서 타당한지를 확인하는 전략 등이 포함된다. 생성된 이론이 특정한 사회현상을 설명하고 예측할 수 있는지는 근거이론의 전이성(transferability)이라고 할 수 있다. 즉 생성된 이론을 다수의 현상, 사례, 상황에 적용하여 전이성을 확인하도록 한다.

타당성 제고 전략

- 이론적 표집에 의한 타당한 연구 참여자 선정
- 엄격하고 다각화된 현장조사를 통한 자료 수집
  - 심층 인터뷰
  - 장시간 관찰
  - 풍부하고 다양한 관련 문서
- 풍부하고 상세한 결과의 기술
- 생성된 이론의 검증
  - 원자료를 생성된 이론적 모형에 적용하여 설명
  - 연구 참여자 확인법
  - 이론적 모형에 잘 들어맞지 않거나 모순되는 현상에 대한 설명
  - 다수의 현상, 사례, 상황 등에 적용하여 전이성 확인

연구의 신뢰성 근거이론 방법에서의 신뢰성(reliability)이란 연구에서 생성하려는 이론에 근거하여 얼마만큼 일관성(consistency) 있는 결과를 도출하는가를 의미한다. 하지만 근거이론 연구에서는 인터뷰, 관찰 등에 대한 동일한 데이터와 분석 결과를 얻기가 곤란하고 양적 연구에 비해 표준화된 자료 수집 및 분석, 그리고 결과 기술의 적용이 어렵다는 특성이 있다.

근거이론에서 신뢰성을 판단하는 주요 요소는 체계적인 연구 방법의 적용과 체계적이고 엄격한 분석(systematic and rigorous analysis) 등이 포함된다. 무엇보다도 분석을 진행하는 과정에서 생성되는 이론에 초점을 두어 연구자가 아닌 다른 사

람이 분석한다면 과연 같은 분석 결과와 이론을 만들어 낼 수 있을 것인가에 대해 의식적으로 지각하며 주의를 기울여야 한다. 또한 감사 추적기법(audit trail)을 활용하여 연구의 수행과정 전체를 기록문서의 형태로 작성할 수도 있다. 이를 통해 연구자가 아닌 제3자가 연구 수행의 행적을 추적하여 연구의 진행과정을 명확히 파악할 수 있도록 함으로써 결과를 도출하는 데 있어서의 엄격성과 신빙성을 확보할 수 있다(유기웅 외, 2018).

신뢰성 제고 전략

- 체계적이고 엄격한 분석
- 감사 추적(audit trail)

02 | 샘플: 연구방법의 구성

여기에서는 체계적 근거이론 방법으로 수행된 연구에서 제시하고 있는 연구방법의 구성요소를 소개하도록 한다.

독립근로자의 포트폴리오 경력개발과정 탐색[1]

- **연구 설계** 본 연구에서는 조직에서 벗어나 독립적, 주도적으로 경력을 개발하고 업무를 수행하는 독립근로자들의 포트폴리오 경력개발 과정을 심층적으로 분석하여 이론 모형을 개발하기 위해 질적 연구방법을 선택하였다. 질적 연구는 양적 연구로는 탐구하기 어려운 개별 연구대상의 독특성과 맥락성, 고유한 속성과 특징 및 함의 등에 초점을 맞춰 분석하는 방식이다. 다시 말해 인간 삶의 본질을 탐구하고, 행위자의 주관적인 경험과 행동을 행위자의 관점과 의식, 느낌 등을 통해 심층적, 논리적으로 이해하고 해석하는 연구방법이다(유기웅 외, 2018).

(중략) 본 연구에서는 질적 연구방법 중에서도 유기웅(2022)이 제시한 체계적 근

1 신경주(2022). *독립근로자의 포트폴리오 경력개발과정 탐색*[박사학위논문]. 숭실대학교 대학원.

거이론(systematic grounded theory) 방법을 활용하였다. 체계적 근거이론 방법은 근거이론을 활용하여 논문을 작성하는 연구자들에게 명확하고 체계적인 지침을 제공한다. 특히 '현상 이해 분석 단계'에서는 기존의 다소 복잡하고 불필요한 범주화 작업을 단순 명료화하였고, '범주 관계성 분석 단계'에서는 범주들의 관계성을 더욱 체계적이고 유용하게 분석하기 위한 분석 틀을 고안하여 제시하였다. '이론 통합 분석 단계'에서는 이론 검증과정을 통하여 생성된 이론이 하나의 실체적 이론으로 타당한지 확인하는 과정을 추가하였다. 이처럼 체계적 근거이론 방법은 수집된 자료를 체계적으로 분석하는 '현상 이해 분석', '범주 관계성 분석', '이론 통합 분석' 단계를 통해 실체적 이론이 가져야 할 '현상에 대한 체계적인 설명'과 '예측력 있는 논리적 체계'(유기웅, 2022)를 더욱 잘 설명할 수 있다는 장점이 있다.

(중략) 본 연구에서 근거이론 방법을 활용한 이유는 다음과 같다. 첫째, 근거이론 방법은 선행 연구의 표본이 적거나 연구대상에 적용할 만한 적절한 이론이 부재할 경우에 그들의 행동과 결과, 동기와 관점 및 각각의 상호작용, 영향 관계 등을 해석하고 설명하는 데 유용한 방법이다(Creswell, 2015). 따라서 본 연구는 포트폴리오 경력개발 방식에 주력하고 있는 독립근로자라는 특별한 동질성을 지닌 소수의 연구참여자들이 각자의 전문성과 역량을 자기 주도적으로 발전시키는 과정과 현상을 근거이론 방법을 통해 종합적으로 이해한 후 그에 대한 이론을 제시하는 데 적합하다. 둘째, 양적 연구방법으로는 설명하기 어려운 행위자의 행위, 경험세계, 삶의 본질을 행위자 자신의 언어를 통해 이해하기 위해서이다. 본 연구에서는 연구 참여자들이 자신만의 경력을 개발하는 과정에서 겪었던 실패와 성공, 도전과 시행착오, 자기반성과 성찰, 자기 계발과 문제 해결을 통한 성장 등 다방면의 생생한 경험들을 그들만의 언어와 관점을 통해 이해하고 분석함으로써 종합적, 성찰적 결과 및 결론

을 도출하고자 한다. 셋째, 근거이론 방법은 복잡한 과정을 체계적으로 탐색하는데 적합하다. 연구 참여자들이 각각 상이하게 체험한 복잡한 과정, 행동 절차, 상호작용 등을 개념과 범주로 분류하여 범주화하고 그 범주들을 특정한 논리적 틀을 활용하여 추상화, 체계화함으로써, 전체 과정을 체계적으로 탐색하고 심층 해석할 수 있다.

연구 설계 섹션은 별도의 섹션 구분 없이 제시하기도 한다. 또한 질적 연구 방법의 선정 이유에 대해 설명하지 않고 바로 근거이론 방법 선정 이유에 대해서만 설명할 수도 있다. 이 섹션에서 중요한 점은 근거이론 방법이 왜 적합한 방법인지에 관해 근거이론 방법의 원리와 주요 특징을 토대로 설명하는 것이다.

- **연구 참여자** 연구 참여자 선정은 연구의 목적에 잘 부합하면서 이론화가 원활하도록 이론적 표집(theoretical sampling)을 사용하였다. 이는 연구자가 자료를 수집하고 분석하는 동안 나타나는 이론적 개념에 근거하면서 자료수집이 이루어지고 이에 따라 연구자는 다음 자료 수집 표본을 어디에서 찾을지 결정하게 된다는 것을 의미한다(유기웅 외, 2018). 이에 따라 연구자는 필요한 모든 연구데이터를 한꺼번에 일괄적으로 수집하고 분석하지 않고 처음 데이터를 수집, 분석하고 이의 결과를 토대로 다음 데이터에 관한 사항을 결정하는 과정을 반복하여, 더 이상의 추가 데이터수집이 불필요하다고 판단되는 이론적 포화에 도달할 때까지 자료수집을 진행하였다. 이론적 표집에 의해 본 연구는 현재 국내에서 독립근로자로 활동하면서 자발적이고 주도적으로 자신의 경력과 업무역량을 지속적으로 개발하고 심화함으로써 업계의 인지도와 신뢰도를 높여가고 있는 포트폴리오 경력을 가진 근로자 9명을 연구 참여자로 선정하였다.

구체적인 연구 참여자 선정 기준은 다음과 같다. 첫째, 다수의 파트타임을 동시에 보유하고, 수시로 파트타임의 세부 목록과 조합 등을 건설적으로 변경 · 보완하는 포트폴리오 경력의 본질과 특성을 고려하여, 현재 수입원이 되는 상이한 유형의 업무를 동시에 여러 개 지속하고 있는 대상자들을 선정하였다. 이로써, 다수의 직업 간의 상호작용성과 관계성, 연속성 및 그에 관련된 다양한 경험들의 풍부한 데이터를 수집하였다. 둘째, 직장이나 조직 밖에서 자발적, 주도적으로 경력활동을 수행하는 과정에서 성공적인 경험이 충분히 축적되어 관련 업계에서 역량을 인정받고 인지도와 신뢰도를 쌓은 독립근로자들을 선정하였다. 셋째, 포트폴리오 경력개발이 개인 근로자에게 미치는 심리적, 정서적 영향도 함께 확인하기 위해 심리적, 정서적 안정감은 물론이고 자신이 수행하는 다수의 업무들에 대한 주관적 가치와 흥미, 보람을 느끼면서 몰입하고 만족하여 직업적 자부심, 정체성을 지닌 독립근로자들을 선정하였다. (중략)

연구 참여자 섹션에서는 이론적 표집 및 포화의 원리에 따라 참여자를 선정하였다는 점과 선정 기준에 관해 설명하도록 한다. 연구 참여자들의 특징을 쉽게 알아볼 수 있도록 표로 정리하여 제시하기도 하며, 연구 참여자 개개인에 관한 상세한 설명을 추가적으로 제시하기도 한다.

자료 수집 본 연구의 자료 수집 방법으로는 심층 면담(인터뷰)을 활용하였다. (중략) 본 연구는 반 구조화 면담 방식을 활용하여 최종 선정된 연구 참여자들에 대한 일대일 심층 면담을 각각 수행하였다. 이를 통해 독립근로자들의 포트폴리오 경력개발에 관련된 다양한 개인적 자료와 정보들을 수집하였다. 심층 면담을 위한 반

구조화된 질문지는 문헌 고찰을 통해 파악한 내용을 중심으로 연구자가 직접 구성하였다. 원활한 면담의 진행을 위해 참여자들에게 소셜 네트워크 등을 활용하여 연구의 주제와 목표, 질문의 전반적인 내용과 성격을 미리 안내하였다. 면담은 2021년 5월 25일부터 7월 20일 사이에 연구 참여자 1인당 1회씩 진행하였다. 연구 참여자 9명과의 면담은 모두 연구자가 직접적으로 수행하였으며, 참여자의 개인 일정에 부담을 주지 않고 긴장감과 집중도 있는 면담 내용들을 이끌어 내기 위해 면담 시간은 평균 1시간 30분 정도로 조절하였다. (중략) 면담은 연구 참여자가 희망하는 시간에 개인적으로 편리한 장소에서 실시되었다. 주로 참여자들의 작업실 또는 사무실이나 인근 카페 등에서 연구 참여자들의 개별 여건이나 요구 사항에 맞추어 진행하였다. 모든 면담 내용은 연구 참여자의 동의하에 현장에서 전자기기로 녹음하였고 면담 종료 후 녹음된 내용을 전사하여 분석하였다. (중략)

심층 면담을 진행하기 전에 연구 참여자들에게 연구의 목적 및 취지, 방법 등을 다시 설명하면서 면담에 응해준 점에 대해 감사를 표시하는 등 연구자와 참여자 간에 라포를 형성한 후 자연스럽게 면담을 이어나갔다. 답변 내용이 참여자들이 실제로 지각하고 체험한 사안이자 실제로 일어났던 사건이라는 사실을 고려하여 익명성과 비밀 보장 및 참여자 보호 등을 안내하고 약속함으로써 연구 참여자가 진솔하게 자신의 이야기를 풀어낼 수 있도록 하였다. 그리고 수집된 면담 내용은 학술 연구 외에 다른 목적으로는 절대 사용되지 않으며 연구 종료 직후 폐기할 것을 약속하였고 연구 기간 동안 연구자와 연구 참여자 간의 협력적인 신뢰 관계가 중요한 만큼 면담 관련 결과들을 공유하였다.

면담을 완료한 후 각 연구 참여자에게 추가적인 질문이나 확인이 필요한 사항이 있을 경우 소셜 네트워크 등으로 소통하는 데 대해서도 사전 동의를 구하였다. 아울러, 현장의 기록용 노트를 활용하여 연구 참여자의 비언어적 행동의 변화와 연구자의 생각과 느낌 등 미세한 부분까지도 함께 기록하였다. 이러한 보조 자료들은 면담 자료를 전사·분석하는 과정에서 답변 당시 연구 참여자의 비언어적 의사 표현을 함께 연상하고 유추함으로써 심층 해석에 부분적으로 도움이 되었다.

어떤 방법을 통해 자료를 수집했는지에 관해 설명하는 섹션이다. 근거이론 방법의 경우 대개 인터뷰를 통한 자료 수집이 주(primary)가 되고 관찰이나 문서를 통한 자료 수집은 부수적(supplementary)으로 활용된다. 자료 수집의 방법과 절차를 최대한 상세하게 기술하는 것이 좋다.

- **자료 분석** 자료 분석은 유기웅(2022)이 체계화, 정교화한 체계적 근거이론 방법을 활용하였다. 세부 분석 절차는 '현상 이해 분석' 단계, '범주 관계성 분석' 단계, '이론 통합 분석' 단계로 구성된다. 각 단계는 반복적 비교 분석법(constant comparative method)을 근간으로 하여 진행된다. 이는 복잡하게 흩어져 있는 원자료를 지속적인 비교분석을 통해 추상적인 개념과 범주를 만들어내는 과정을 반복하는 방법이다(유기웅, 2022). 이 과정을 통해 연구자는 반복적으로 현상, 개념, 범주 간을 비교하여 그들 간의 유사점 및 차이점과 각각의 관계를 이해함으로써 이론을 형성하는 데 도움을 주게 된다.

현상 이해 분석 단계 첫 번째 자료 분석단계이다. 연구 참여자들로부터 수집한 자료를 구체적으로 해체, 검토, 비교하여 대표적인 현상을 파악하고 그에 적절한 개념을 형성한다. 유사성이 있는 개념들을 묶고 명칭을 붙여 범주를 도출하고, 이에 대한 해석을 통해 해당 현상을 체계적이고 심층적으로 이해하는 분석 과정이다(유기웅, 2022). 이는 Glaser나 Strauss의 방법, 기타 근거이론 방법에서 공통적으로 제시하고 있는 개방 코딩(open coding) 단계라고 볼 수 있다(유기웅, 2022).

이 단계에서는 현상 이해 분석을 통해 '개념'과 '범주'를 도출해내게 된다. 기존의 개방 코딩에서처럼 개념, 하위범주, (상위)범주로 분류함으로써, 다소 복잡하고 불필요한 범주화 작업을 했던 것과 달리 하위범주를 없애고 개념과 범주로만 구성하였다. 이로써 연구자들에게는 분석작업 시간을 줄여주는 편의성을 제공함은 물론이고, 독자들로 하여금 개념과 범주 간의 관계를 좀 더 명료하게 파악하는 데 도움을 준다. 개념은 자료 분석을 통해 중요성이 규명된 핵심 사건, 사물, 행위, 상호작용 등을 추상화하여 표현한 것이고, 범주는 상호 유사하거나 밀접한 연관성을 지닌 개념들을 묶어내어 대표성이 있는 의미를 부여하여 명명한 것을 말한다(유기웅, 2022).

연구자는 우선 원자료를 각 부분별로 개념화, 범주화, 추상화하였다. 이를 위해 전사된 자료들을 수차례 반복하여 읽으면서, 단락마다 대표적인 현상과 핵심을 정확하게 파악하고 개념을 추출해 나갔다. 각 연구 참여자의 면담 자료들을 집중하여 꼼꼼하게 읽으면서, 특별히 의미 있거나 중요하거나 흥미롭다고 생각되는 항목에 대해서는 형광펜으로 표시하여 줄 단위로 세밀하게 분석하였다. 또한 사건이나 현상에 대해 연구 참여자들이 진술한 내용 중 유사점, 차이점, 특이점 등 다양한 특징과 속성, 관계들을 지속적으로 비교해 가면서 분석하였다. 이처럼 정교하게 파악되고 탐색된 세부 내용들을 개념화 · 추상화하여 다수의 개념들을 일차적으로 추출하였다. 그리고, 그들 간의 구조적 관계와 공통된 속성, 의미 등을 기준으로 유사한 개념들을 색이 같은 색연필로 표시하여 시각화함으로써 분류 과정을 좀 더 쉽게 하였다. 이렇게 줄 단위로 분석되어 도출된 개념들을 의미 있고 대표성이 있는 범주로 묶고 명명화하는 범주화 과정을 통해 21개의 범주를 구성하였다. 각각의 범주명은 일반적으로 독자가 이해하기 쉽고 의미전달이 잘 될 수 있도록 하기 위해 수차례의 수정을 거듭하여 완성하였다. 그리고 도출된 개념과 범주에 관한 설명과 해석을 통해 현상을 심층적으로 이해할 수 있도록 기술하였다. 특히 이 과정에서 연구자가 인터뷰 도중이나 인터뷰를 마치고 나서 기록했던 메모가 연구분석에 있어 큰 도움이 되었다. 메모는 연구자가 분석 과정에서 묘사하고 있는 분석적인 개념 및 연구자의 생각 및 느낌을 적어놓은 일종의 분석 노트라 할 수 있다(유기웅 외, 2018). 연구 참여자의 특징이나 특히 강조하는 부분, 다른 참여자와 공통적으로 진술하는 내용 등을 자세히 기록했던 것이 분석 절차에 다수 반영되었고 이로써 중요성을 입증하였다.

범주 관계성 분석 단계 범주 관계성 분석 단계는 자료 분석의 두 번째 단계로서 현상 이해 분석을 통해 추출 · 구성된 범주들 간의 관계성을 분석하고 이에 대한 해석을 통해 현상에 대한 체계적인 이해를 강화하고 예측력 있는 이론을 생성하는 데 필요한 논리적 체계를 구축하는 과정이다(유기웅, 2022). 이 단계는 Strauss와 Corbin (1998)이 제시한 축 코딩(axial coding) 과정과 유사하다. 축 코딩에서는 개방 코딩에서 도출된 범주를 축으로 하여 다른 범주들이 연결되는지를 패러다임이라는 틀에 따라 분석하여 각 범주들 간의 관계성을 분석한다(유기웅, 2022).

본 연구에서는 이 단계에서 현상 이해 분석 단계를 통해 도출되어 나열되어 있는 범주들을 특정한 분석 틀을 활용하여 인과적 관계 분석, 과정적 관계 분석, 미시적-거시적 관계 분석의 작업을 수행하였다. 그 분석 과정은 다음과 같다. 첫째, 관계성 분석 틀에 따라 인과적 관계 분석을 실시하였다. 이 단계에서 중요한 것은 다수의 범주들을 중심 현상과 유기적으로 연관시켜 해석하고 의미를 부여하는 작업(Strauss & Corbin, 2001)이다. 이를 위해 어떤 현상들이 어떤 원인과 배경, 동기, 여건하에 진행되는가를 지속적으로 염두에 두면서, 범주들을 원인, 행동/상호작용 전략, 결과, 상황적 조건 등으로 구조화하였다. 가장 먼저 중심 현상을 추출하여 중앙에 두고 그의 원인이 되는 범주를 찾아내고, 행동/상호작용과 결과 그리고 상황적 조건이 되는 범주를 차례대로 파악하여 논리적으로 연결될 수 있도록 분석 틀을 구성하였다.

범주 관계성 분석 단계에서 진행되는 두 번째 분석 과정인 과정적 관계(process relationship) 분석은 범주들을 시간의 흐름에 따라 일정한 단계를 거치면서 변화하는 상태를 설명하는 단계이다. 근거이론 방법에서 다루고 있는 어떤 현상은 하나의 순간적이고 단편적인 시점에 발생한다기보다는 일정한 시공간에서 주어진 상황의 영향을 받으며 발생한다는 것이다. 이런 점에서 과정을 분석하는 과정은 연구대상으로서의 현상을 더욱 넓고 깊게 이해하는 데 기여하게 된다(유기웅, 2022). 연구자는 과정적 관계 분석 틀을 사용하여 연구 참여자가 경험한 현상이 시간의 변화 과정에서 어떻게 발전되어 가는지 각각의 단계에 이름을 붙여 구조화하였다.

셋째, 미시적-거시적 관계(micro-macro relationship) 분석은 범주들을 미시적인 개인적 차원으로부터 사회, 국가적인 거시적 차원까지 연계하여 사회 현상을 설명하는 것을 의미한다(유기웅, 2022). 즉, 사회 구성원으로서 개인은 행위자로서, 미시적 수준에서의 개인 행위의 결과는 거시적으로 사회 전체에 영향을 미치게 되므로 해당 사회 현상에 관한 원인과 결과를 설명하는 데 도움을 줄 수 있다. 이는 현상을 좀 더 심층적으로 이해하는 데 도움을 주게 되고, 결과적으로 이론의 형성에 기여하게 된다(유기웅, 2022). 미시적-거시적 관계 분석 틀을 활용하여 개인적 차원의 범주, 그룹과 조직적 차원의 범주, 사회 국가적 차원의 범주를 각각 분류하여 구조화하였다.

이론 통합 분석 단계 자료 분석의 세 번째 단계로서 현상 이해 분석 단계, 범주 관계성 분석 단계를 거쳐 도출된 모든 분석 결과들을 종합하여 이론을 생성하는 단계이다. Strauss와 Corbin(2001)의 선택 코딩, Charmaz(2013)가 제시하고 있는 이론 코딩 단계라고 볼 수 있다. 핵심 범주 선정, 이론 생성, 이론 검증과정으로 구성되어 있다(유기웅, 2022). 그 과정은 다음과 같다.

첫째, 이 단계에서는 연구 전체의 현상을 대표할 수 있는 핵심 범주를 선정하게 된다. 이는 연구에서 도출된 모든 개념과 범주를 대변하고 충분히 추상적이어야 하며 자료에 빈번하게 등장하고, 이론적 깊이와 설명적 힘이 있는 개념이어야 한다(Strauss & Corbin, 2001). 이에 따라 연구 주제를 가장 효과적으로 나타내는 간단하면서 함축적인 의미를 담고 있는 단어들을 조합해 여러 개의 후보 핵심 범주를 만들었으며, 각각을 다른 범주들과 연결시켜 상호관련성을 심층 분석하였다.

둘째, 이론을 생성하는 과정이다. 도출된 핵심 범주를 중심으로 연구 결과를 정리하여 근거이론을 제안하는 단계이다(유기웅, 2022). 우선 연구 결과를 표현할 수 있는 이론적 스케치를 작성하고, 이론의 핵심적인 내용을 다이어그램 형태로 제시하여, 이 둘을 통합하여 하나의 이론적 모형으로 통합하여 제시한다(유기웅, 2022). 이에 따라 연구자는 현상 이해 분석 결과와 관계성 분석의 틀을 사용하여 도출한 범주 관계성 분석의 결과들을 활용하여 핵심적이라 생각되는 내용들을 떠올리며 이론적 스케치를 작성하였다. 그다음은 스케치를 토대로 하여 다이어그램으로 제시해 보는 과정이다. 본 연구가 독립근로자들의 포트폴리오 경력개발의 과정을 심층 분석하는 것이므로, 과정적 관계 분석 내용을 중심으로 두고 문헌고찰, 기타 참고문헌, 분석 메모 등을 참고하여 과정적 관계 분석 내용을 포함한 좀 더 추상적인 이론 모형을 생성하기 위해 수십 장의 다이어그램을 그리고 비교 분석해 보았다. 그 중에서 하나를 선택한 후, 이론적 스케치와 다이어그램을 통합하고 정리하여 시각화된 이론적 모형을 제시하였다.

셋째는 이론 검증 과정으로, 생성된 이론이 하나의 실체적 이론으로 타당한지 확인하는 과정이다(유기웅, 2022). 이 과정에 관해 Strauss와 Corbin(2001)이 제안한 방법을 토대로 유기웅(2022)이 제시한 이론 검증의 방법들은 다음과 같다. 연구 참여자들로부터 수집된 원자료를 이론적 모형에 적용하여 설명할 수 있는지 확인하는 방법, 약간 명의 연구 참여자들에게 생성된 이론적 모형과 설명을 제시하고 타당성을 확인하는 방법, 잘 들어맞지 않거나 모순되는 현상에 대한 설명을 통해 이론의 적용 범위 및 설명력을 강화하는 방법, 다수의 현상과 사례, 상황에 적용하여 전이성(transferability)을 확인하는 방법 등이다. 이 중에서 연구자는 네 명의 연구 참여자들에게 이론 모형을 보여주며 타당성을 확인하는 방법으로 검증하였다. 이 과정에서 그들로부터 타당성 확인뿐만 아니라 이론 모형에 관한 논리적 조언과 피드백을 받아 이론 모형의 수정과 보완에 적극 활용하였다.

이 섹션에서는 누구의 또는 어떠한 버전의 근거이론 방법을 활용하여 분석을 실시하였는지를 명확하게 밝히고, 해당 버전에서 제안하고 있는 분석 방법에 따라 어떻게 분석을 실시하였는지를 상세하게 기술해야 한다. 샘플 논문에서는 유기웅(2022)이 제안한 현상 이해 분석, 범주 관계성 분석, 이론 통합 분석의 단계를 적용하였다.

연구의 윤리성, 타당성, 신뢰성 자료의 수집을 위해 진행한 모든 면담들은 연구자가 직접 주관하였다. 질적 연구 과정에서는 연구자 자신도 핵심적인 연구 도구가 된다. 즉, 연구 주제나 대상에 대한 연구자의 이론적 민감성(theoretical sensitivity)과 분석 및 심층 해석 능력은 연구의 수준과 학술적 가치를 가름하는 결정적인 요소가 된다(Strauss & Corbin, 2001). 또한 연구자의 학술적, 이론적 경험과 역량은 필요한 연구 절차를 합리적으로 수행하고 연구 결과를 심도 있게 해석할 때에도 중요한 영향을 미치게 된다. (중략)

연구자는 이론적 민감성과 함께 연구 참여자나 심층 면담 내용에 대한 편견이나 선입견을 갖거나 자료 수집 및 분석 과정 중 연구의 중립성을 잃지 않도록 각별히 주의해야 한다(김영천 외, 2019). 이를 위해 연구자는 심층 면담 진행 과정에서 연구자 자신의 의견이나 비평, 개인적 경험 등은 철저히 자제하고 배재하였다. 또한 참여자의 이야기를 적극적으로 경청하면서 상황에 맞게 적절한 반응을 보여주고 추가적인 질문을 함으로써, 연구 참여자가 자존감과 자부심을 갖고 자신의 경험에 집중하면서 연구 목적에 맞는 내용들을 충분히 생각해 내고 진술할 수 있도록 도움을 줄 수 있도록 하였다.

자료를 수집하는 과정에서 연구자는 연구 참여자들에게 연구의뢰서를 이메일로 전송하여 연구의 목적과 방법, 과정에 관한 사항을 사전에 알려 연구 동의를 구하였다. 인터뷰 시작 전에는 참여자에게 연구 참여 동의서를 통해 동의를 구하고, 다시 한번 연구의 필요성과 목적, 방법, 절차에 관한 전반적인 사항을 충분히 설명하였다.

연구자와의 인터뷰 내용은 참여자의 동의하에 녹음되었으며 그 내용, 참여자의 이름과 신상에 관한 철저한 비밀을 약속하였다. 연구 참여자가 기록을 원하지 않는 답변은 즉시 삭제하였으며, 녹음된 면접 내용은 참여자의 비밀 보장을 위해 연구자가 직접 전사할 것임을 설명하였다. 분석 결과를 향후 연구 참여자와 공유할 것과 본 연구 이외에 다른 용도로 사용하지 않을 것에 대한 설명을 진행하였다. 연구 종료 후에는 폐기할 것이며, 연구자와 관련된 내용에 대해서는 연구 참여자의 비밀을 보장하기 위해 어떠한 경우라도 익명성이 보장됨을 설명하였다.

(중략) 본 연구는 질적 연구로서의 타당성과 신뢰성을 확보하고, 그를 통해 궁극적으로 연구의 엄격성을 달성하기 위해 세 가지 방법을 선택·활용하였다. 첫째, '삼각검증법'(triangulation)을 활용하였다. 이는 Denzin(1978)이 제시하고 체계화한 질적 검증 방법론이다. 이는 질적 연구 결과의 신뢰성, 타당성을 높이고 연구 내용의 전문성, 정밀성 등을 보장하기 위해 각각 서로 다른 세 종류의 연구방법론을 하나의 연구에서 동시에 병행하는 방식이다(Denzin, 1978). 예컨대, 하나의 주제를 참여적 관찰법, 심층적 면담법, 문서적 분석법 등 세 가지의 방법을 활용하여 분석·논의하는 것을 들 수 있다. 그리고 하나의 연구 자료를 세 명의 연구자가 합동으로 검토하고 분석하는 것도 연구자 삼각검증법으로 규정되는데 이는 방법론적 삼각검증법에 못지않게 연구 현장에서 빈번하게 활용되는 방법이다. 이와 같은 세 종류의 다른 분석법 또는 세 명의 연구자들의 합동 작업 등을 통해 연구 자료들을 교차 검증함으로써 연구의 편향성이나 한계를 줄이고 분석된 결과의 타당성과 신뢰성을 높일 수 있다(Bogdan & Biklen, 2010).

본 연구는 연구자, 연구 참여자, 자료원의 세 가지 요인들을 유기적으로 활용하고 분석함으로써, 일종의 변형된 삼각검증법을 적용하였다. 연구자와 연구 참여자 간의 면담 및 상호작용, 녹음된 자료원에 대한 연구자의 전사·분석 작업, 전사·분석된 내용에 대한 연구자 및 연구 참여자의 사후 확인과 상호 피드백 등 세 가지 구성 요소 간의 교차 검증과 협동 확인 작업을 통해 연구 결과의 타당성과 신뢰성을 높이고자 하였다.

둘째, 연구 참여자 확인법(member check method)을 활용하였다. 이는 수집된 자료의 정리 및 분석 결과를 연구 참여자에게 직접 사후 검토·확인받는 방법이다(유기웅 외, 2018). 본 연구는 원자료를 분류 · 해석한 결과의 정확도를 전반적으로 점검하고 해석상의 오류 및 연구 참여자의 의도와의 차이가 없는지 등을 확인하기 위해, 전사한 면담 자료와 연구자의 분석 내용 등을 참여자 중 네 명에게 전달하여 자료 분석 및 결과에 대한 피드백(feedback)을 요청함으로써 질적 연구의 타당성과 신뢰성을 확보하고자 하였다. 연구자가 연구결과를 임의로 해석하기보다는 연구 참여자들의 협조와 사후 검토를 통해 재점검과 보정, 보완 등이 이루어진다면 연구결과의 타당성, 신뢰성이 더욱 높아질 수 있다.

셋째, 동료 검토법(peer examination)을 활용하였다. 이는 질적 연구의 경험을 지닌 수 명의 동료들과 함께 연구 자료 및 연구 결과들을 검토하고 확인하는 방법이다. 이를 위해 박사과정의 동료들, 박사학위를 받은 선배들과 함께 교내에서 진행되는 수차례의 세미나를 통해 본 연구의 분석방법, 연구 목적의 일관성, 결과 해석의 적절성 등에 대한 전반적인 검토와 조언을 요청하였다. 이와 같은 동료 집단의 연구에 대한 조언과 학술적 지원은 연구자가 사적인 편견이나 오류에 빠지지 않으면서 연구의 신뢰성과 타당성을 높이는 데 큰 도움이 된다(Padgett, 2001).

이 섹션은 종종 연구의 엄격성(rigorousness)으로도 명명되어 연구의 윤리성, 타당성, 신뢰성 등을 어떻게 확보했는지에 관한 내용이 제시된다. 윤리성, 타당성, 신뢰성을 확보하기 위해 어떠한 기법 또는 전략을 활용했는지에 관한 방법과 절차를 상세하게 제시하도록 한다.

참고문헌

Reference

김미영(2001). 치매노인을 돌보는 간호사의 경험과정. *임상간호연구지, 5*, 163-173.

김영천, 정상원, 조재성(2019). *질적 연구 아틀라스: 열다섯 가지 성공전략*. 아카데미프레스.

김한별(2012). 결혼초기 부부의 적응과정에서 학습경험 탐색: 근거이론 접근. *교육문제연구, 44*, 1-35.

송연옥, 변호승(2012). 교사들의 디지털교과서 사용 경험에 관한 근거이론적 접근. *교육공학연구, 28*(2), 231-262.

신경주(2022). *독립근로자의 포트폴리오 경력개발과정 탐색*[박사학위논문]. 숭실대학교 대학원.

유기웅(2022). *근거이론 방법의 체계적 접근: 논문작성 가이드*. 박영스토리.

유기웅, 정종원, 김영석, 김한별(2018). *질적 연구방법의 이해*(개정판). 박영스토리.

이재열(1996). 구조와 행위의 이중성과 미시-거시 연계분석의 방법론. *한국사회학회 사회학대회논문집*, 177-202.

장경섭(1994). 개혁사회주의의 미시적 기초. *사회교육과 정책연구, 16*(2), 25-60.

채서일(2013). *사회과학조사방법론*(3판). 비앤엠북스.

Birks, M., & Mills, J. (2015). *근거이론의 실천*(공은숙, 이정덕 공역). 정담미디어 (원저 2015년 출판).

Bogdan, R., & Biklen, S. K. (2010). *교육의 초보연구자를 위한 질적 연구 방법론 기초*

(조정수 역). 경문사. (원저 2007 출판)

Charmaz, K. (2006). *Constructing grounded theory*. Sage.

Creswell, J. W. (2015). *질적 연구방법론: 다섯 가지 접근*(조흥식, 정선욱, 김진숙, 권지성 공역). 학지사. (원저 2007 출판)

Denzin, N. K. (1978). *The research act: A theoretical introduction to sociological methods*. McGraw-Hill.

Giddens, A., & Sutton, P. W. (2017). *Sociology* (8th ed.). Policy Press.

Glaser, B. G. (1992). *Basics of grounded theory analysis: Emergence vs. forcing*. Sociology Press.

Glaser, B. G., & Strauss, A. L. (1967). *The discovery of grounded theory: Strategies for qualitative research*. Aldine de Gruyter.

Merriam, S. B. (2009). *Qualitative research: A guide to design and implementation*. Jossey-Bass.

Padgett, D. K. (2001). *사회복지 질적 연구방법론*(유태균, 이선혜 공역). 나남출판. (원저 1999 출판)

Strauss, A., & Corbin, J. (1998). *Basics of qualitative research: Techniques and procedures for developing grounded theory*. Sage.

Strauss, A., & Corbin, J. (2001). *근거이론의 단계*(신경림 역). 현문사. (원저 1998 출판)

Swedberg, R. (2016). Can you visualize theory?: On the use of visual thinking in theory pictures, theorizing diagrams, and visual sketches. *Sociological Theory, 34*(3), 250-275.

Urquhart, C. (2013). *Grounded theory for qualitative research: A practical guide*. Sage.

6

Grounded Theory: A New Systematic Approach

연구결과

06 Summary
연구결과

근거이론 방법은 이론을 생성하기 위해 단계별 분석을 수행한다. 연구결과 섹션에서는 연구자의 개인적인 의견보다는 수집된 자료에 근거하여 단계별 분석의 결과를 풍부하고 상세하게(rich and thick) 설명하는 것이 중요하다. 연구방법에서 제시된 '현상 이해 분석', '범주 관계성 분석', '이론 통합 분석'의 순으로 연구결과를 작성하도록 한다.

01 | 연구결과 작성하기

근거이론 방법은 이론을 생성하기 위해 단계별 분석을 수행한다. 연구결과 섹션에서는 연구자의 개인적인 의견보다는 수집된 자료에 근거하여 단계별 분석의 결과를 풍부하고 상세하게(rich and thick) 설명하는 것이 중요하다. 연구방법에서 제시된 '현상 이해 분석', '범주 관계성 분석', '이론 통합 분석'의 순으로 연구결과를 작성하도록 한다.

'현상 이해 분석'의 결과

연구결과 섹션은 근거이론 방법의 첫 번째 분석 단계인 '현상 이해 분석'의 결과 제시로 시작한다. '현상 이해 분석'이란 수집되어 흩어져 있는 자료를 반복적 비교분석을 통해 추상성이 있는 의미 덩어리로 묶어 내어 개념과 범주를 도출하고 이에 대한 해석을 통해 해당 현상을 체계적이고 심층적으로 이해하는 분석 과정을 의미한다. 따라서 이 섹션에서는 수집된 자료(인터뷰 녹취록, 관찰 일지, 문서 등)로부터 도출된 개념과 범주를 중심으로 이에 대한 개념 정의와 해석을 심층적으로 설명하는 것이 핵심이다.

다수의 개념과 범주가 생성되고 이에 대한 각각의 범주에 대한 개념 정의와 심층적 설명과 해석이 필요하기 때문에 개념과 범주가 포함된 결과를 [그림 25]와 같이 표 형태로 제시하고 난 후 각각의 범주에 관해 설명하고 해석을 하는 방식이 좋다.

그림 25 현상 이해 분석 결과 표 예시

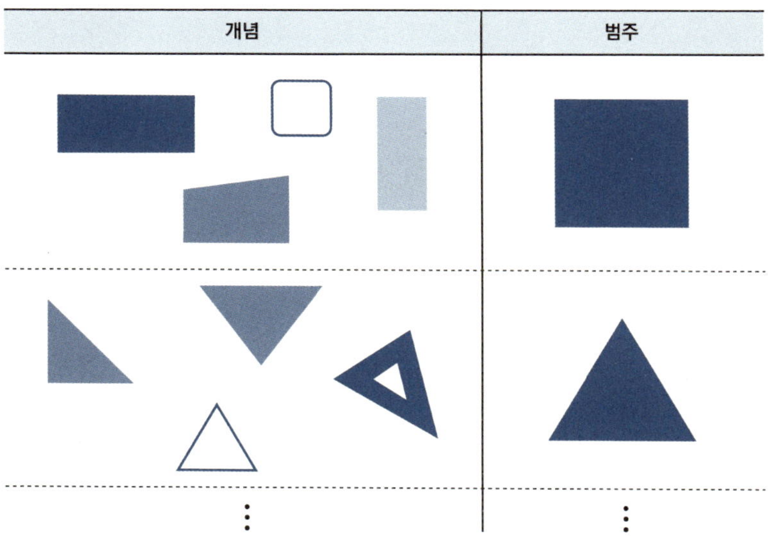

범주는 복수의 개념들이 축적된 추상적인 의미 덩어리로 연구자가 개념화 한 것이므로, 개개의 범주에 대한 개념 정의를 제시하고, 심층적으로 개념 수준에서 현상의 이해를 돕기 위한 기술과 해석을 하는 것이 좋다. 경우에 따라서는 연구 참여자와의 인터뷰 내용을 그대로 옮겨서 제시하기도 한다. 적절한 직접 인용문의 제시는 실제로 연구 참여자의 의견과 목소리를 생생하게 전달할 수 있어 결과의 신빙성을 높이고 연구자의 해석과 설명을 뒷받침하는 데 기여할 수 있으나, 지나치게 많이 제시할 경우 오히려 글의 흐름을 산만하게 하고 가독성을 떨어뜨릴 수 있으므로 유의해야 한다. 요컨대, 연구자의 설명과 해석이 주가 되어야 하며 연구 참여자의 직접 인용문은 최소화하여 제시하는 것이 좋다. 분량 제한이 사실상 없는 학위논문에서는 개념과 범주에 대한 설명과 해석을 통해 해당 현상을 심층적으로 설명하기에 크게 문제가 없으나, 분량의 제한이 있는 학술지 논문에서는 간혹 개념/범주 결과 표만 제시하거나, 범주 위주로 핵심적인 내용을 설명하기도 한다.

'범주 관계성 분석'의 결과

여기에서는 근거이론 방법의 두 번째 분석 단계인 '범주 관계성 분석'의 결과를 제시한다. '범주 관계성 분석'이란 '현상 이해 분석' 단계를 통해 도출된 범주들 간의 관계성을 분석하고 이에 대한 해석을 통해 현상에 대한 체계적인 이해를 강화하고 예측력 있는 이론을 생성하는 데 필요한 논리적 체계를 구축하는 과정을 의미한다. 이 섹션에서는 관계성 분석 틀을 활용한 인과적 관계 분석 결과, 과정적 관계 결과, 그리고 미시적-거시적 관계성 결과를 기술하도록 한다.

첫째, 관계성 분석의 틀을 활용한 인과적 관계 분석이다. '현상 이해 분석' 단계에서 도출된 범주를 토대로 행위자의 행동과 상호작용이 개입되어 있는 인과적 관계를 분석하고, 이러한 관계에 관여가 되어 있는 상황적 조건을 파악하여 설명함으로써 현상에 대한 이해도를 보다 높이고 유사한 현상을 예측하는 데 결과 기술의 초점이 있다. [그림 26]의 관계성 분석 틀을 시각화된 형태로 제시하고 이를 토대로 원인, 결과, 행동/상호작용, 상황적 조건 간의 관계성을 심층적으로 설명하는 방식으로 기술하도록 한다.

그림 26 관계성 분석의 틀

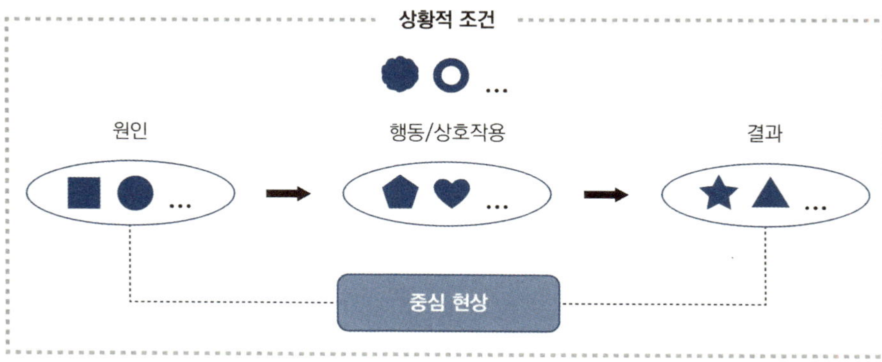

둘째, 과정적 관계 분석 결과를 기술한다. 관계성 분석 단계에서 진행되는 과정적 관계(process relationship) 분석은 '현상 이해 분석' 단계에서 도출된 범주들을 과정적 경험 궤적성(trajectory)에 기반하여 시간의 흐름에 따라 일정한 변화 단계를 거치면서 변화하는 상태를 설명하는 것을 의미한다. 시간의 흐름에 따라 범주 간의 과정적 관계를 시각화하여 [그림 27]과 같은 형태로 제시하고 연구자가 제시한 단계에 따라 상세한 설명을 하는 방식으로 작성한다.

그림 27 과정적 관계 분석

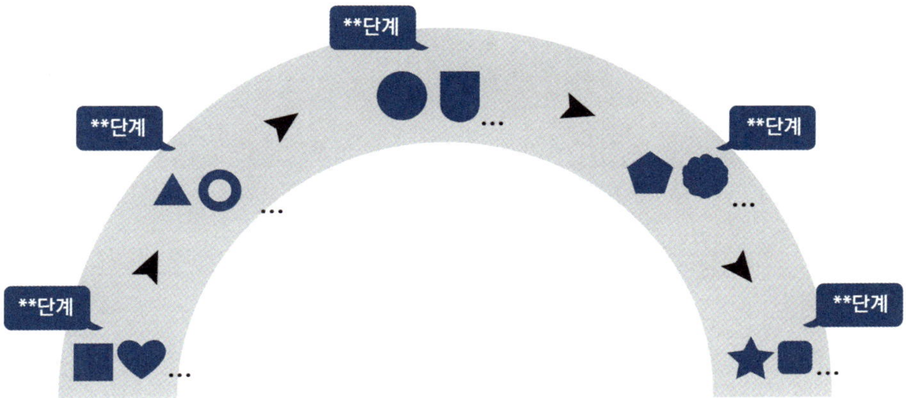

셋째, 미시적-거시적 관계 분석 결과를 기술한다. 관계성 분석 단계에서 진행되는 미시적-거시적 관계(micro-macro relationship) 분석은 '현상 이해 분석' 단계에서 도출된 범주들을 미시성 및 거시성 차원에 기반하여 개인적 차원으로부터 사회적 단위 전체까지 연계하여 사회적 현상을 설명하는 것을 의미한다. '현상 이해 분석' 단계에서 도출된 범주들을 [그림 28]과 같은 형태로 분석하여, 개인적 차원에서의 행위와 사회 구성원 간 상호작용을 통해 그룹, 조직, 커뮤니티, 국가, 국제적 차원에 어떻게 연계되어 있는지에 초점을 두어 결과를 기술하도록 한다.

그림 28 미시적-거시적 관계 분석

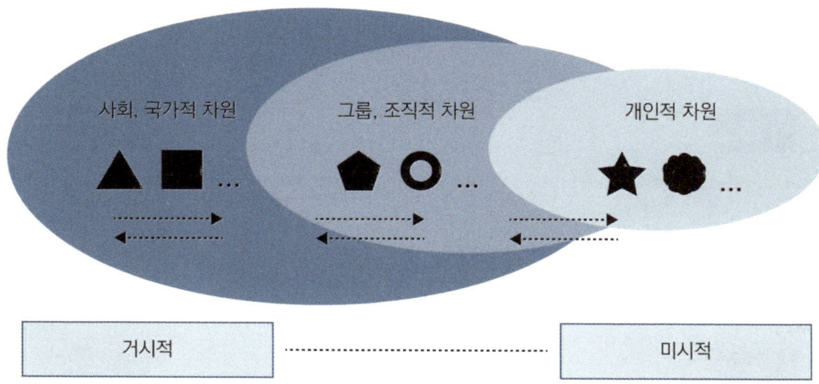

'이론 통합 분석'의 결과

여기에서는 근거이론 방법의 마지막 분석 단계인 '이론 통합 분석'의 결과를 제시한다. '이론 통합 분석'이란 '현상 이해 분석'과 '범주 관계성 분석' 단계를 통해 도출된 결과를 통합하여 이론을 생성하는 과정을 의미한다. 이 섹션에서는 핵심 범주를 선정하고 이에 대한 설명, 생성된 이론에 대한 설명, 그리고 생성된 이론에 대한 검증에 관한 사항을 결과로 제시하도록 한다.

첫째, 선정된 핵심 범주에 관한 설명이다. 핵심 범주는 '현상 이해 분석' 단계에서 도출된 범주 중에 하나를 선택한다기보다는 '현상 이해 분석'과 '범주 관계성 분석' 단계를 통해 생성되는 이론에 주목하여 추상성이 가장 높은 범주를 새롭게 만들어 낸 것이다. 연구 전체를 대변하는 범주이므로 이 범주의 의미에 관한 충분한 설명이 뒷받침되어 자료에서 모순되는 사례나 대체 사례 등에 대해서도 설명할 수 있도록 한다. 핵심 범주는 연구자가 개념화 한 것이므로 핵심 범주에 대한 개념 정의를 제시하고, 다른 범주들의 개념 및 범주 간 관계성과 연관지어 설명하도록 한다. 핵심 범주는 간단하면서 함축적인 단어 또는 어구를 사용하는 것이 좋은데, 단어를 너무 많이 사용하거나 길게 늘여 쓰는 문장 형태는 좋지 않다.

둘째, 이론을 생성하고 이에 대한 설명을 제시한다. 도출된 핵심 범주를 중심으로 연구 결과를 통합하여 근거이론을 제안한다. 서술형태로 이론을 제시할 수도 있으며, 시각화된 이론적 모형을 제시하고 이를 설명하는 방식이 있을 수 있다. 이론적 모형은 연구 결과를 추상적이고 논리적으로 표현하는 실체로서 너무 많은 도형, 선, 화살표 등이 포함되어 복잡하게 보여서는 안 된다. 이론적 모형을 제시하고 난 후 이론에 대한 상세한 설명을 하도록 한다.

셋째, 이론 검증의 결과를 제시한다. 생성된 이론이 하나의 실체적 이론으로서 타당한지에 관한 내용을 설명하도록 한다. 이 섹션에서 기술될 수 있는 항목은 ① 연구 참여자들로부터 수집된 원자료를 이론적 모형에 적용하여 설명할 수 있는지에 관한 내용, ② 약간 명의 연구 참여자들에게 생성된 이론적 모형과 설명을 제시하고 타당성을 확인한 결과, ③ 잘 들어맞지 않거나 모순되는 현상에 관한 설명, ④ 이론의 전이성(transferability)을 확인하기 위해 다수의 현상, 사례, 상황에 적용한 내용 등이다.

02 | 샘플: 연구결과의 구성

여기에서는 체계적 근거이론 방법으로 수행된 연구에서 제시하고 있는 연구결과의 구성요소를 소개하도록 한다. 샘플 논문은 유기웅(2022)이 제안한 현상 이해 분석, 범주 관계성 분석, 이론 통합 분석 단계를 적용하여 연구결과를 기술하였다.

IT분야 겸임교수의 프로티언 경력개발 과정 탐색[1]

- **현상 이해 분석 결과** 근거이론 방법의 첫 번째 분석 단계는 '현상 이해 분석'이다. 연구 참여자들의 인터뷰 내용과 관찰 자료를 근거로 IT분야 겸임교수들의 프로티언 경력개발과 관련된 핵심 개념들을 분석하였다.

1 박미영(2024). *IT분야 겸임교수의 프로티언 경력개발 과정 탐색*[박사학위논문]. 숭실대학교 대학원.

〈표 4-1〉 현상 이해 분석 결과

개념	범주
• 오랜 쌓아온 전문성 • 차별적인 전문성 강화 • 전문 기술의 숙련	숙련을 통한 전문성 강화
• 꿈에 대한 안테나를 세움 • 메타인지로 자기 객관화 • 명확한 동기와 열정을 가짐 • 목표에 열정을 더함	내면의 나침반이 이끄는 길
• 교수의 정체성 • 다경력자의 삶 • 자아실현의 가치 • 목표에 열정을 더함	멀티페르소나 확립으로 자아실현
• 경력 재창조의 필요성 • 경력 경로 재설계 • 경력의 지속성 갱신하기	지속 가능한 경력 설계

(표 내용 재구성 / 표 이후 내용 생략)

(중략) '숙련을 통한 전문성 강화'란 한 분야에서 오랜 기간 동안 전문 기술을 숙련하고 IT경력을 쌓아 전문성으로 경력을 고도화하는 것을 의미한다. 연구 참여자들 대부분 IT분야에서 10년이 넘는 경력들을 가지고 있었고, 기술의 숙련이나 오랜 경력이 자신의 전문성을 완성하게 한다는 것을 인지하고 있었다. 참여자4의 경우는 "능력 있는 개발자가 되어야... 어느 회사를 가서라도 내 일을 할 수 있으니까... 한 몇 년 전부터 그런 생각이 들었는데 회사에 별로 목을 매지 않아요."라고 말하였다. 즉 경력개발에서 중요한 것은 나의 전문기술을 숙련하여 전문성을 키우는 일. 이는 곧 고용가능성이 높아진다는 것을 의미하며 IT인력들은 대부분 전문성이 높아지면 새로운 프로젝트와 이직을 통해 경력을 완성해 나간다는 것을 알 수 있었다. 10년이 넘도록 엔지니어로서의 경력을 쌓아왔고 현재 IT경력이 17년차라는 참여자8은

"그간에 쌓아온 경력들이 나의 전문성을 완성하게끔 해주고 있는 것"이라고 말하였다. 대부분의 IT분야의 전문가들은 오랜 기간 동안 경력을 쌓아오고 그 전문성으로 고용가능성을 높여왔는데 참여자 7과 4의 경우를 살펴보면 다음과 같다. (중략)

현상 이해 분석은 수집되어 흩어져 있는 원자료를 반복적 비교분석을 통해 추상성이 있는 의미 덩어리로 묶어 내어 개념과 범주를 도출하고 이에 대한 해석을 통해 해당 현상을 체계적이고 심층적으로 이해하는 분석 과정을 의미한다. 주로 개념과 범주를 한눈에 볼 수 있는 표 형태로 제시한 후 각각의 범주에 대해 구체적이고 풍부한 설명을 하는 것이 좋다. 개념은 단순하게 원자료의 내용을 줄임 형태가 아니다. 개념은 연구자가 자료를 읽고 분석하는 과정에서 머릿속에 떠오르는 추상적이고 대표성 있는 의미로 명명된 것이다. 범주는 복수의 개념들이 축적된 추상적인 의미 덩어리로 연구자가 개념화한 것이므로, 개개의 범주에 대한 정의를 제시하고, 심층적으로 현상의 이해를 돕기 위한 기술과 해석을 하는 것이 좋다. 현상 이해 분석 결과를 통해 연구 주제인 중심 현상에 대한 심층적인 이해를 하게 되며, 생성된 범주는 이 다음 단계 분석 절차인 범주 관계성 분석에 활용이 된다.

- **범주 관계성 분석 결과** 근거이론 방법의 두 번째 분석 단계인 '범주 관계성 분석'에서는 첫 번째 분석 단계인 '현상 이해 분석'을 통해 도출된 범주들 간의 관계성을 분석하였다. 그리고 이에 대한 해석을 통해 현상에 대한 체계적인 이해를 강화하고 예측력 있는 이론을 생성하는 위해 필요한 논리적 체계를 구축하고자 하였다 (유기웅, 2022). 이에 따라 관계성 분석 틀을 이용하여 인과적 관계 분석의 결과, 과

정적 관계 분석의 결과, 미시적-거시적 관계 분석의 결과를 차례로 기술하였다.

인과적 관계 분석의 결과 범주 관계성 분석의 첫 번째 분석으로서, 모든 현상에는 원인이 존재한다는 전제하에 그 사회적 현상의 인과관계를 밝히는 분석이다(유기웅, 2022). 인과적 관계 분석은 중심 현상을 둘러싸고 있는 원인, 행동/상호작용, 결과 간의 인과관계의 흐름을 좀 더 구체적으로 분석하는 과정이라 할 수 있다. 본 연구에서는 그 현상이 중심 현상이고 그것을 촉발한 원인은 무엇이었으며, 실천을 위한 어떤 행동과 외부와의 상호작용으로 인해 결과적으로 어떤 변화가 일어났는지 파악하였다. 이를 위해 [그림 4-1]과 같이 관계성 분석의 틀을 구성하였다. 분석 틀을 중심으로, 중심 현상을 둘러싼 원인 → 행동/상호작용 → 결과 간의 인과성 또는 관계성을 세부적으로 살펴보면 [그림 4-1]과 같다. (중략)

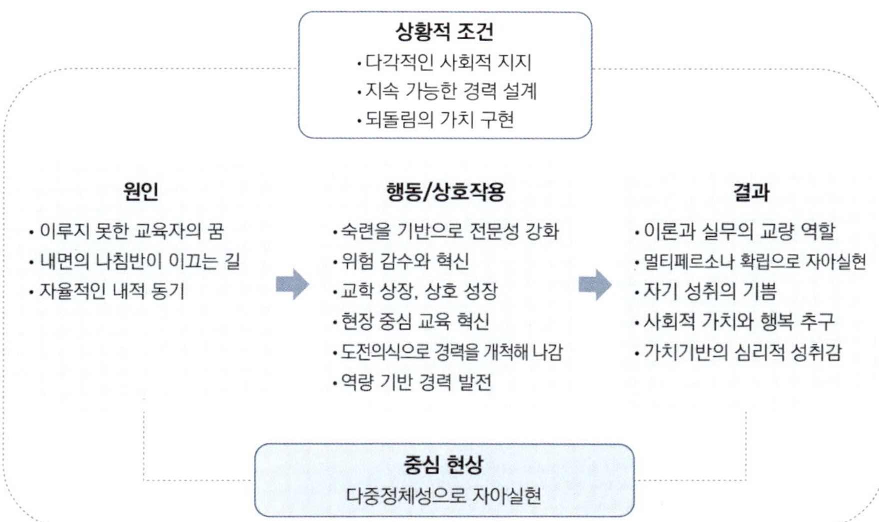

[그림 4-1] 인과적 관계 분석

과정적 관계 분석의 결과 범주 관계성 분석단계의 두 번째 분석인 과정적 관계 분석은 '현상 이해 분석'을 통해 도출된 범주들을 시간의 흐름에 따라 일정한 단계를 거치면서 변화하는 상태를 설명하는 것이다. 연구 참여자들이 경험한 현상은 하나의 단편적인 시점이나 순간에 발생하는 것이라기보다는 어떤 일정한 시 · 공간에서 주어진 맥락의 영향을 받으면서 발생한다. 따라서 과정 분석을 통해 사회적 현상에 대한 포괄적 이해에 도움을 주어 결과적으로 이론의 형성에 기여하게 된다(유기웅, 2022).

본 연구는 IT분야 겸임교수들의 프로티언 경력개발 과정의 내용과 세부 양상을 고찰하기 위해, 현상 이해 분석을 통해 도출된 범주들을 맥락과 상황에 따라 분석하였다. 과정적 관계 분석의 틀을 사용하였으며, 연구 참여자가 경험한 현상이 시간이 흐르면서 어떤 과정을 거치는지 각각의 단계를 명명하며 구조화하였다. 각 단계는 자기 탐색 단계, 개발 단계, 경로 확장 단계, 가치 상승 단계, 자아실현 단계의 다섯 단계이다. 이처럼 단계별로 구분하여 과정적 관계를 분석함으로써 IT분야 겸임교수의 프로티언 경력개발 과정의 양상을 이해할 수 있다. 이를 도식화하면 [그림 4-2]와 같다. 이하에서 세부 단계에 따른 과정 분석 결과를 기술하였다. (중략)

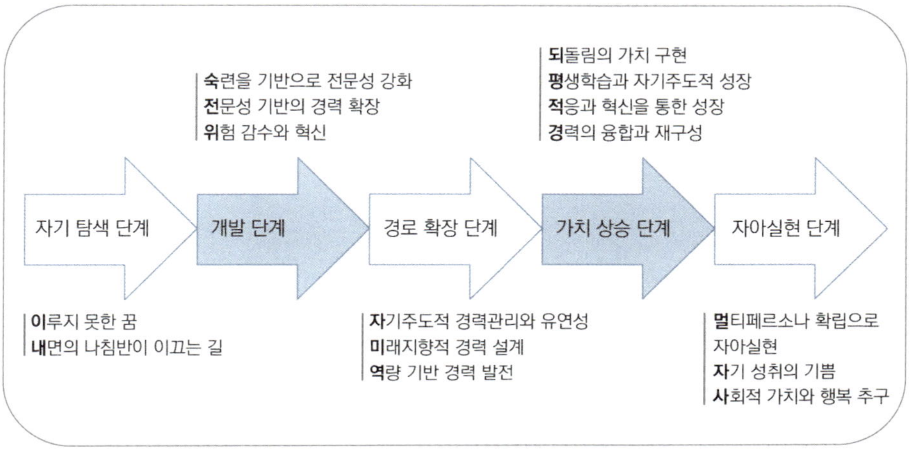

[그림 4-2] 과정적 관계 분석

미시적-거시적 관계 분석의 결과 범주 관계성 분석 단계의 마지막 분석은 미시적-거시적 관계 분석이다. 미시적-거시적 관계(micro-macro relationship) 분석은 범주들을 연구 참여자의 개인적 차원, 조직적 차원(연구 참여자가 소속된 소규모 그룹, 팀, 조직, 커뮤니티 등의 차원), 사회 · 국가적 차원에서 각각 어떻게 관계되고 영향을 미치는지를 분석하는 것이다(유기웅, 2022). 따라서 이 단계의 분석은 개인적, 조직적, 사회 · 국가적 차원의 3층 차원을 기준으로 수행하였다. 이를 도식화하면 [그림 4-3]과 같다. (중략)

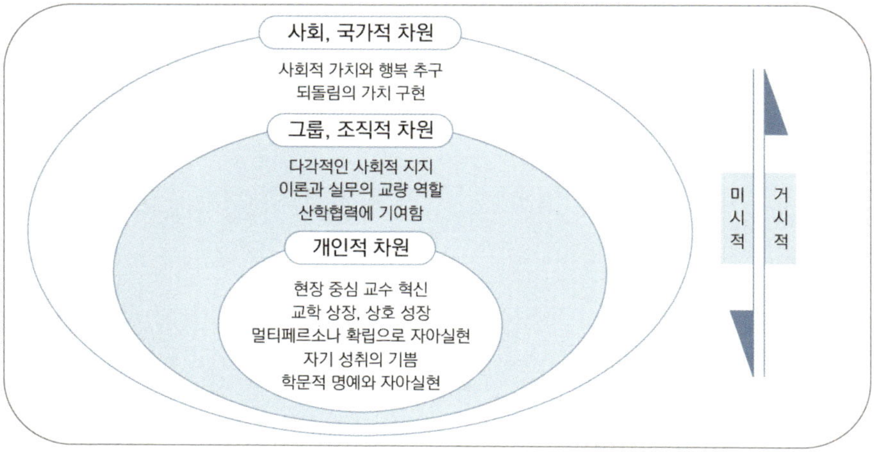

[그림 4-3] 미시적-거시적 관계 분석

이 논문에서는 유기웅(2022)이 제안한 체계적 근거이론 방법의 범주 관계성 분석 방법에 따라, 인과적 관계 분석, 과정적 관계 분석, 그리고 미시적-거시적 관계 분석을 실시하여 결과를 제시하였다. 범주 관계성 분석이란 현상 이해 분석 단계를 통해 도출된 범주들 간의 관계성을 분석하고 이에 대한 해석을 통해 현상에 대한 체계적인 이해를 강화하고 예측력 있는 이론을 생성하는 데 필요한 논리적 체계를 구축하는 과정을 의미한다. 범주의 관계성을 분석하기 위해, 첫째, 관계성 분석의 틀을 활용한 인과적 관계를 분석한다. Strauss와 Corbin(1998)이 제안한 패러다임(paradigm) 틀에 따른 관계성 분석과 유사하다고 볼 수 있다. 인과적 관계를 명확하고 직관적으로 나타내기 위해 관계성 분석 틀에 따라 시각화하여 결과를 설명하는 방법이 권장된다. 또한 Strauss와 Corbin의 패러다임 틀의 중재적 조건과 맥락적 조건을 별도로 구분하지 않고, 원인, 행동/상호작용, 결과 등이 일어나는 데 관여가 되어 있는 상태, 요소, 조건 등을 상황적 조건(situational conditions)으로 설정하여 분석하도록 한다.

둘째, 과정적 관계 분석이다. Strauss와 Corbin(1998)에서는 과정분석을 축 코딩 과정이 아닌 별도의 분석으로 설명하고 있다. 체계적 근거이론 방법에서는 과정분석을 일종의 범주들의 과정적 관계성을 분석하는 것이라는 점에 주목하여 범주 관계성 분석으로 포함시켰다. 범주 관계성 분석에서의 과정적 분석은 '현상 이해 분석' 단계에서 도출된 범주들을 과정적 경험 궤적성(trajectory)에 기반하여 시간의 흐름에 따라 일정한 변화 단계를 거치면서 변화하는 상태를 설명하는 것을 의미한다.

셋째, 미시적-거시적 관계 분석이다. 이 분석은 Strauss와 Corbin(1998)이 제안하고 있는 조건/결과 매트릭스(matrix) 분석에 근거를 두고 있다. 체계적 근거이론 방법에서는 매트릭스 분석을 일종의 범주들의 미시적-거시적 관계성을 분석하는 것이라는 점에 주목하여 범주 관계성 분석으로 포함시켰다. 이 분석은 '현상 이해 분석' 단계에서 도출된 범주들을 미시성 및 거시성 차원에 기반하여 개인적 차원으로부터 사회적 단위 전체까지 연계하여 사회적 현상을 설명하는 것을 의미한다.

이론 통합 분석 결과 근거이론의 세 번째 분석 단계인 이론 통합 분석은 '현상 이해 분석' 단계와 '범주 관계성 분석' 단계를 통해서 도출된 모든 개념과 범주들을 통합하고 정교화하여 하나의 종합적인 이론을 생성하는 과정이다. 이론 통합 분석 결과는 핵심 범주 선정, 이론적 모형 제시, 이론 검증과 그에 따른 설명으로 구성된다(유기웅, 2022).

첫째, '핵심 범주 선정'은 연구의 중심 주제를 도출하는 단계이다. 핵심 범주는 전 단계인 현상 이해 분석, 범주 관계성 분석에서 만들어진 개념과 범주들보다 상징성, 추상성이 더욱 높은 가장 상위의 개념으로, 연구 전체를 대표하는 범주를 뜻한다. 본 연구의 목적과 주제를 핵심적으로 압축해서 표현할 수 있는 종합적이며 총체적 범주에 해당하는 핵심 범주는 '전문성으로 나만의 페르소나 개척하기'로 도출되었다.

둘째, '이론적 모형' 제시이다. 이론 통합 분석에서 목표로 하는 '이론 통합'이란 심층 면담 자료를 분석하는 과정에서 연구자에게 점진적, 단계적으로 나타나는 해석력, 사고력, 분석력 및 성찰 능력의 심화와 발전 과정을 총체적, 통합적으로 압축하고 추상화하여 모형으로 만드는 것이다. 이것을 기반으로 연구 주제를 한눈에 이해할 수 있는 도식화된 시각적 이론 모형을 제안하고 그것을 설명한다. 마지막으로 이론 검증의 과정을 거쳐 연구 결과 분석을 마치게 된다. (중략)

핵심 범주 선정 핵심 범주는 연구의 중심 주제와 목표를 함축적, 상징적으로 나타내는 가장 상위의 범주이다(Strauss & Corbin, 2001). 이는 개념과 범주의 통합과 이론 정교화의 중심 원리가 되며, 해당 주제와 관련된 연구자의 사고력, 종합력, 성찰 능력의 최종 진화 단계를 명료하고 압축적으로 보여준다. 본 연구의 핵심 범주로는 '나만의 페르소나 개척하기'로 도출되었다. '나만의 페르소나 개척하기'는 탄탄한 전문 경력을 기반으로 자기 안의 목소리를 따라 도전하여 겸임교수라는 페르소나를 개척한다는 의미이다. 페르소나는 고대 그리스 연극의 가면을 이르는 말로써 스페인어로는 "Persona" 포르투갈어로는 "Pessoa"이고, 프랑스어로는 "Personnage"로 대부분 라틴어에서 유래하였다. (중략)

이론 생성 이론 생성에서는 핵심범주를 중심으로 모든 연구의 결과를 종합하고 시각화된 이론적 모형을 제시하여 'IT분야 겸임교수의 프로티언 경력개발 과정'의 근거이론을 생성하게 된다.

연구 참여자들은 빠르게 변화하는 IT환경 속에서 오랜 기간 성실하고 묵묵히 노력해 탄탄한 경력의 전문성을 확보하게 되었다. 그들이 다년간 쌓아온 전문 기술과 경험들은 단순한 지식이 아닌 자신만의 노하우로 발전하여 새로운 도전과 변화에 대응할 수 있는 중요한 자산이 되었다. 그리고 경력개발의 경로에서 내면의 가치 기준에 따라 탐색을 시작하고 자기주도적 학습으로 발전동력을 삼아 성장을 통해 경력을 확장하고 고용가능성을 높이며 전문성을 강화해 나감으로써 '나만의 페르소나 개척하기'를 자신들의 지향점으로 삼았다. 이를 위해 연구 참여자들은 끊임없이 도전하며 평생 학습을 통해 경력을 개척해 나갔다. (중략) 최종 분석 및 성찰을 토대로 본 연구에서는 최종적으로 'IT분야 겸임교수의 프로티언 경력개발 과정'의 이론 모형을 [그림 4-4]와 같이 구성하고 제시하였다. 이하에서 이론 모형을 세부 요인,

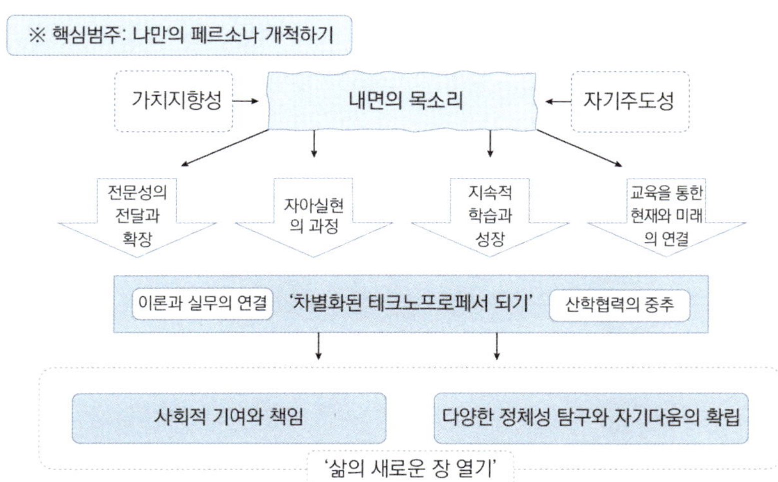

[그림 4-4] IT분야 겸임교수의 프로티언 경력개발 과정의 이론 모형

과정과 의미를 설명하였다. (중략)

이론 검증 결과 분석 결과를 모두 종합하여 생성된 'IT분야 겸임교수의 프로티언 경력개발 과정' 이론이 하나의 실체적인 이론으로 타당한지 검증함으로써 이론 통합 분석 결과를 마무리하였다(유기웅, 2022). 이 과정에 관해 유기웅(2022)이 제안한 이론 검증의 방법들은 다음과 같다. 연구 참여자로부터 수집된 원자료를 이론적 모형에 적용하여 설명할 수 있는가를 확인하는 방법, 연구 참여자 중에 일정 인원의 연구 참여자들에게 생성된 이론적 모형과 설명을 제시한 후 타당성을 확인하는 방법, 잘 들어맞지 않는다거나 모순되는 현상에 대한 설명을 통해 이론 적용 범위와 설명력을 강화하는 방법, 다수의 현상과 사례 그리고 상황에 적용하여 전이성(transferability)을 확인하는 방법을 들 수 있다.

이론 검증을 위해 본 연구는 일곱 명의 연구 참여자들과 연구에 참여하지 않은 비참여자를 대상으로 이론 모형을 보여주고 타당성, 전이성을 확인하였다. 이론 검증을 위한 면담은 2024년 10월 1일부터 10월 7일까지 진행하였다. 검증 참여자 일곱 명에게 각각 이메일을 발송한 후 전화와 이메일로 피드백을 수집하였다. 이 과정에서 검증 참여자들로부터 이론의 타당성을 확인하였으며 더불어 이론 모형에 대한 논리적인 조언을 받았고 이들의 피드백을 활용하여 이론 모형을 수정, 보완하였다. 연구에 반영된 검증 참여자의 의견은 다음과 같다. 첫째, 일반 직장인들과는 구별되는 IT분야의 특징이 더욱 드러날 수 있는 범주명을 설정할 것을 조언하였고, 관련된 다양한 피드백을 받았다. 둘째, IT분야 겸임교수의 프로티언 경력개발 과정이 잘 표현될 수 있는 이론 모형으로 수정될 수 있도록 다양한 의견을 받아 여러 차례 수정을 거친 후 보완하였다. 이와 같이 피드백을 받아 전체 모형의 구조에 관해 재점검하며 이후에도 여러 차례 수정 · 보완을 하였으며, 이러한 이론 검증 과정을 통해 자신만의 생각에 빠져있는 연구자의 편협성과 편재성을 벗어나 이론 모형의 완성도를 높이고 연구의 타당성을 높이는데 도움을 받을 수 있었다.

이 논문에서는 유기웅(2022)이 제시한 이론 통합 분석 방법에 따라 핵심 범주 선정, 이론 생성, 이론 검증 단계로 결과를 제시하였다. '이론 통합 분석'이란 '현상 이해 분석'과 '범주 관계성 분석' 단계를 통해 도출된 결과를 통합하여 이론을 생성하는 과정을 의미한다. 이 단계에서는 1단계(현상 이해 분석)와 2단계(범주 관계성 분석) 분석의 결과를 토대로 연구 전체의 현상을 대표할 수 있는 핵심 범주(core category)의 도출, 이론 생성, 그리고 이론을 검증하는 과정으로 이루어진다.

첫째, 핵심 범주의 선정이다. 핵심 범주는 연구에서 도출된 모든 개념과 범주를 대변하고 통합되어 있는 연구 전체의 핵심 범주로 해당 연구가 무엇인지를 추상적이고 응축적으로 설명하고 있는 개념이다(Strauss & Corbin, 1998). 핵심 범주는 '현상 이해 분석' 단계에서 도출된 범주 중에 하나를 선택한다기보다는 '현상 이해 분석'과 '범주 관계성 분석' 단계를 통해 생성되는 이론에 주목하여 추상성이 가장 높은 새로운 범주 하나를 만들어 내는 것이 좋다. 연구자가 도출해낸 새로운 개념이자 연구 전체를 대변하는 범주이므로 이 범주의 의미에 관한 충분한 설명이 뒷받침되어 자료에서 모순되는 사례나 대체 사례 등에 대해서도 설명할 수 있도록 한다. '현상 이해 분석'과 '범주 관계성 분석' 단계에서 도출된 분석의 핵심적인 내용이 모두 포함되도록 구성하는 것이 좋다.

둘째, 이론 생성이다. Strauss와 Corbin(1998)은 이론적 도식을 통해 추상적이고 통합적으로 이론을 제시할 수 있다고 하였으며, 이는 이 책에서 제시하고 있는 '이론 통합 분석' 단계 중 이론 생성과 동일하다. 시각화된 이론적 모형은 복잡다단한 사회적 현상을 대표성과 추상성이 높으며 밀도 있고 통합적으로 표현하는 것이 좋다. 통상적으로 최종적인 이론적 모형이 완성될 때까지 많은 수정을 거치게 된다. 모든 것을 포함해야 한다는 마음에서 너무 많은 도형, 선, 화살표 등이 포함되어 복잡하게 보여서는 안 된다. 이론적 모형을 제시하고 난 후 이론에 관한 설명을 상세하게 기술하도록 한다.

셋째, 이론 검증이다. '이론 통합 분석' 단계의 마지막 분석 과정으로, 생성된 이론이 하나의 실체적 이론으로서 타당한지에 관한 내용을 설명한다. 샘플 논문에서는 생성된 이론을 연구 참여자들과 참여하지 않은 비참여자들을 대상으로 생성된 이론의 타당성과 전이성(transferability)을 확인하는 절차를 진행하여 이론 모형을 수정·보완하였다.

참고문헌
Reference

박미영(2024). *IT분야 겸임교수의 프로티언 경력개발 과정 탐색*[박사학위논문]. 숭실대학교 대학원.

유기웅(2022). *근거이론 방법의 체계적 접근: 논문작성 가이드*. 박영스토리.

Strauss, A., & Corbin, J. (1998). *Basics of qualitative research: Techniques and procedures for developing grounded theory*. Sage.

Strauss, A., & Corbin, J. (2001). *근거이론의 단계*(신경림 역). 현문사. (원저 1998 출판)

7

Grounded Theory: A New Systematic Approach

논의, 결론

07 Summary
논의, 결론

학술 논문의 마지막 챕터에서는 연구를 통해 얻은 결과를 어떻게 학술적으로 해석할 수 있을지를 논의하고 시사점, 제언, 결론 등을 제시하면서 연구를 마무리하도록 한다. 핵심 포인트는 연구 결과에 대한 논리적이고 풍부한 해석이라고 볼 수 있다. 근거이론 방법을 통해서 생성된 이론이 관련 학문 영역의 지식 확장과 확대에 어떠한 점에서 기여했는지, 또한 관련 실천 영역에서 어떻게 설명되고 적용될 수 있을지를 고민하여 작성하도록 한다.

01 | 논의, 결론 작성하기

근거이론 연구의 마지막 챕터(chapter)에 해당한다. 연구를 통해 얻은 결과를 어떻게 학술적으로 해석할 수 있을지를 논의하고 시사점, 제언, 결론 등을 제시하면서 연구를 마무리하도록 한다. 주로 연구결과 챕터 바로 뒤에 이어져 별도의 챕터로 구성한다.

미국심리학회(APA)에서는 학술 저널 아티클에 포함돼야 할 최소한의 구조와 요소를 안내하는 지침인 JARS(journal article reporting standards)를 개발하여 제공하고 있는데, 질적 연구방법으로 작성된 저널 아티클의 마지막 챕터의 타이틀은 논의(discussion)이며, 논의를 통해 학술적 해석, 시사점, 제언 등을 제시할 것을 권고하고 있다. 실제로는 학위논문의 발행기관과 저널 아티클에서 요구하는 내용 구성 요소에 따라 약간 다른 구성요소로 이 챕터를 구성하기도 하지만, 마지막 챕터의 구성에서의 핵심은 연구결과에 대한 학술적 해석, 시사점, 결론, 제언 등을 제시하는 것이다.

근거이론 방법을 활용하여 작성된 석·박사 학위논문의 discussion 챕터는 다음과 같은 요소가 포함되도록 구성하도록 한다. 첫째, 연구에 대한 간단한 요약(summary)이다. 챕터가 시작하면 간단하게 이 챕터의 구성과 어떤 내용이 제시되는지에 관해 간단하게 소개하도록 한다. 이어서 연구목적 진술문을 한 문장으로 제시하고, 근거이론 방법을 통해 제시된 주요 연구결과를 간단하게 상기시키도록 한다. 이 요약 섹션은 1쪽 정도로 간단하게 작성하는 것이 좋으며, 초록(abstract)이 논문에서 제공되고 있으므로 경우에 따라서 요약 섹션은 생략할 수도 있다.

둘째, 연구결과에 대한 학술적 해석(interpretation of the findings)이다. 사실상 이 챕터의 핵심이며, 이 챕터 타이틀인 논의(discussion)를 직접적으로 언급하는 부분이기도 하다. 일부 논문의 경우 연구결과 섹션의 후반부에 논의를 바로 이어서 제시하기도 한다. 연구결과에 대한 학술적 해석이기 때문이다.

여기에서는 연구결과를 학술적으로 어떻게 해석할 수 있을지에 관한 논리적이고 학술적인 설명을 하도록 한다. 연구결과에 대한 '독자들과의 학술적 대화'라고 할 수 있다. 연구주제와 연관된 기존 이론 또는 선행연구 결과와 연관지어 연구의 결과를 독자들에게 설명해주는 식으로 기술한다. 문헌고찰(literature review) 챕터를 재방문(revisit)하여 문헌고찰에서 설명했던 관련 문헌들과 비교해 유사점과 차이점 등을 설명하고, 생성된 이론을 관련 문헌을 통해서 어떻게 해석할 수 있을지에 관해 설명하도록 한다.

요컨대, 연구의 결과를 해석하는 데 있어 연구자 개인의 생각이나 추측에 의한 것이 아니라 관련 이론이나 기존 선행연구에 기반하여 해석을 진행하도록 한다. 논의를 체계적으로 작성하기 위해 종종 서론에서 제시되었던 연구문제 순서에 따라 작성할 수도 있다. 분량상으로 이 챕터 내에서 많은 부분을 할애하여 작성하는 것이 좋다.

셋째, 시사점 또는 함의(implications)이다. 이 연구의 결과가 관련 이론, 실천, 정책 등에 어떤 중요한 의미가 있느냐를 설명하는 부분이다. 논의할 내용이 많을 경우 이론적 시사점(implications for theory and research)과 실천적 시사점(implications for practice)의 하위 섹션으로 구분하여 제시하기도 한다. 시사점 또는 함의 섹션은 경우에 따라서 별도의 섹션 구분 없이 논의의 일부로 제시하기도 한다.

넷째, 연구의 제한점과 후속연구를 위한 제언(limitations and recommendations for future research)이다. 이 섹션에서는 주로 연구의 제한점에 관해 논의하고, 앞으로 진행될 후속연구를 위해 제언하도록 한다. 연구의 제한점을 논의하는 데 있어 주의할 점은 지나치게 겸손하거나 부정적으로 연구를 비판하는 것이다. 제3자의 입장에서 객관적으로 연구가 지니고 있는 한계점에 관해 간단하게 설명하는 것이 좋다. 자신이 수행한 연구에 대한 지나친 비판과 평가는 완성된 연구 자체를 부정하게 되어 읽는 사람으로 하여금 이렇게 심각한 문제가 있음에도 불구하고 왜 연구를 무리하게 진행하여 의미 없는 연구결과를 도출하였을까 하는 의구심을 들게 할 수 있다. 시사점 섹션과 마찬가지로 별도의 섹션 구분 없이 간단하게 설명을 제시하기도 한다.

다섯째, 결론(conclusion)에서는 지금까지의 논의를 바탕으로 연구자가 주장하는 바를 제시한다. 결론은 논문을 읽는 사람들로 하여금 최종적으로 '집에 가져가야 할 핵심적인 전달 사항(take-home message)'이 무엇인지에 해당한다고 볼 수 있다. 단순하게 연구결과 또는 논의를 요약하여 제시하는 것이 아니라 연구결과와 논의를 통해서 연구자가 주장하는 바를 제시하는 것이다. 경우에 따라서는 후속연구를 위한 제언 섹션 전에 위치하기도 한다.

요컨대, 학위논문의 경우 이 챕터의 타이틀은 '논의', '논의 및 결론', '요약, 논의, 결론, 제언', '결론' 등 다양하게 명명될 수도 있으며, 챕터 내에서 별도의 하위 절로 구분하여 제시되기도 한다. 저널 아티클의 경우에는 별도의 하위 섹션 구분 없이 기술되는 경우가 많다. 무엇보다도 중요한 점은 연구결과에 대한 논리적이고 풍부한 해석이라고 볼 수 있다. 근거이론 방법을 통해서 생성된 이론이 관련 학문 영역의 지식 확장과 확대에 어떠한 점에서 기여했는지, 또한 관련 실천 영역에서 어떻게 설명되고 적용될 수 있을지를 고민하여 작성하도록 한다.

02 | 샘플: 논의, 결론의 구성

여기에서는 체계적 근거이론 방법으로 수행된 연구에서 제시하고 있는 논의 챕터의 구성요소를 소개하였으며, 구성요소 중 논의, 결론, 그리고 후속연구를 위한 제언을 중심으로 기술하였다.

독립근로자의 포트폴리오 경력개발 과정 탐색[1]

논의 (중략) 연구 참여자들이 포트폴리오 독립근로자이자 유능한 멀티 전문가로 발전 · 진화함에 있어, 각 발전 단계에 상응하는 심화된 노력은 물론, 더욱 진화된 경력 메타역량이 발휘되어 왔음을 확인하였다. 이는 변화가 많은 경력 환경 내의 경력개발 과정에서 경력 메타역량의 중요성을 강조한 Hall(1996)의 연구를 지지한다. Hall(1996)은 새로운 경력 환경에서 성공하기 위해 경력 정체성과 경력 적응성의 두 가지 요소로 이루어진 새로운 역량인 경력 메타역량 개발의 필요성을 강조하였다. 연구 참여자들은 포트폴리오 경력개발 과정에서 자기 자신의 역량, 열망,

1 신경주(2022). *독립근로자의 포트폴리오 경력개발과정 탐색*[박사학위논문]. 숭실대학교 대학원.

한계 등에 대해 정확히 인지 · 성찰하고 자체 피드백을 수용하면서 합리적인 자아상을 정립해 나갔는데, 이러한 경력 정체성이 새로운 경력을 개발하기 위한 중요한 전제임을 Wille 외(2012)와 신수진, 홍아정(2013)의 연구에서도 강조한 바 있다. 경력 정체성은 개인의 가치, 관심, 역량에 따라 경력을 형성해 가기 위한 방향성을 제시해주며, 경력 추구에 대한 동기를 제공하고 더 나아가 고용 가능성을 높이는 데 영향을 미친다(Fugate et al., 2004).

이와 더불어, 확고한 경력 정체성으로 무장한 연구 참여자들은 변화하는 시대와 사회의 흐름에 적응하면서 미래사회의 흐름을 미리 예측하고, 미래에 요구되는 더욱 높은 자질, 역량들을 개발하고 충족시키기 위해 자기 자신을 변화시키고 쇄신하는 데에도 주력했다. 이런 진취적 태도는 Fugate 외(2004)가 제시한 경력 적응성의 개념과도 일맥상통한다. 경력 적응성과 관련하여 Savickas와 Porfeli(2012)는 Savickas (2005)의 구성주의 경력이론을 더욱 구체화하여 경력 적응성을 직업 역할 수행 시에 발생하는 복잡하고 모호한 문제들을 해결하기 위한 개인의 자기조절 능력이며 심리 사회적 자원으로 정의하였다(신수진, 2016). 이는 다변적인 경력 환경에 더 유연하게 대처하기 위한 자기 주도적인 노력을 뜻하는 기능을 내포하고 있다. (중략)

논의 섹션에서는 근거이론 방법을 통해 도출된 연구결과에 대한 학술적 해석(interpretation of the findings)을 제시하고 있다. 이를 위해 문헌고찰(literature review) 챕터를 재방문(revisit)하여 연구결과와 문헌들을 비교하여 유사점과 차이점 등을 설명한다. 연구결과를 먼저 설명하고 이와 연관되어 있는 문헌을 본문 인용을 통해 해석하는 방식이다. 논문작성의 순서상 이미 문헌고찰을 작성했더라도 필요에 따라 추가적인 문헌고찰을 실시할 수도 있다.

결론 본 연구의 결론은 다음과 같다. 첫째, 연구 참여자들의 자기 주도적 의지와 내적 가치에 기반을 둔 능동적 태도 등이 포트폴리오 독립근로자 되기 프로젝트를 시작하고 장기간의 노력을 통해 성공을 거둔 원동력이 되었다는 점이다. 포트폴리오 독립근로자들은 자율적인 근로, 자기 주도적 업무활동에 대한 열망과 뚜렷한 의지 등을 토대로 포트폴리오 독립근로라는 불안정한 특수 근로 세계로 진입한 것으로 분석되었다. 이 과정에서 그들의 자기 주도적 성향과 내적 가치를 중시하는 가치관이 중요하게 작용하였다는 것을 확인할 수 있었다. 따라서 독립근로를 추구하는 근로자들은 자신의 내적 가치 인식과 그에 따른 삶의 방향 설정이 무엇보다 중요하고 선행되어야 할 필요가 있다. 이로부터 어렵고 불안하고 힘들더라도 스스로 주도하고 책임질 수 있는 개인 업무, 독립 업무를 개발하고 종사하고자 하는 의지와 열정을 지속적으로 유지할 수 있을 것이다.

둘째, 연구 참여자들은 공통적으로 뚜렷한 자기 인식, 철저한 자기관리, 의욕적인 자기 계발, 지속적 성장 등의 기질적, 태도적, 행동적 특성을 보여주었다는 점이다. 이러한 공통적인 기질과 태도는 선천적으로 타고나기도 하지만, 후천적인 경험과 훈련에 의해 연마되고 심화되었다는 사실도 확인되었다. 타율적, 수동적 성향과 태도에 머물기 쉬운 조직 내 구성원과는 달리, 모든 것을 스스로 책임져야 하는 독립근로의 특수성이 이러한 기질과 태도를 더욱 강화하도록 채찍질한 것으로 풀이된다. 참여자들이 독립근로로 진입한 후 공통적으로 포트폴리오 경력개발 활동에 주목하고 집중하게 된 것도 다른 어떤 유형의 경력개발보다 철저한 자기관리, 자기계발, 자기 성장이 요구되기 때문이다. 즉, 포트폴리오 경력개발을 통해 자신들이 열망하는 자기 주도적 학습과 계발, 자기발전 등을 마음껏 구현하고 추진할 수 있었다. 이런 면에서 독립근로와 포트폴리오는 상호 결합될 경우 강력한 시너지 효과를 창출할 수 있는 이상적인 경력개발 조합임을 확인할 수 있다. 아울러, 포트폴리오 독립근로 개발 과정에 주목한 본 연구의 목표와 연구 설계의 시의성, 적절성 등도 함께 입증되었다고 볼 수 있다. (중략)

결론 섹션에서는 지금까지의 논의를 바탕으로 연구자가 주장하는 바와 논문을 읽고 마지막으로 가져가야 할 핵심적인 사항(take−home message)을 전달하도록 한다. 경우에 따라서는 후속연구를 위한 제언 섹션이 결론 섹션보다 먼저 제시되고 결론이 맨 마지막에 위치하는 경우도 있다.

- **후속연구를 위한 제언** 본 연구는 후속 연구를 위해 다음과 같이 제언한다. 첫째, 본 연구는 차세대 경력개발 모형 중에서도 국내에 아직 많이 소개되지 않고 덜 활성화된 독립근로자의 포트폴리오 경력개발 과정을 주제로 선정하였기 때문에, 적합한 연구 대상자들을 확보하기가 어려웠다. 이로 인해 '소수의' 연구 참여자들의 개인적인 경험과 스토리텔링에 집중하여 분석을 진행할 수밖에 없었다. 따라서, 본 연구의 추상화 · 이론화된 모형과 패러다임을 독립근로 현장에 도입하거나 차세대 경력개발 지침으로 제시하고자 할 때에는 대상자들의 업계, 업종의 상황과 흐름 등을 고려한 재해석 및 재구성 작업이 필요할 것이다. 이 같은 재해석, 재구성 작업에 유용한 지침을 제공할 수 있는 세부 사례연구, 즉 다양한 산업 영역에서의 포트폴리오 경력개발에 관련된 실증적 연구들이 향후 단계적으로 활성화될 필요가 있다. 이를 통해, 나날이 고용 불안이 심해지는 우리 사회에서 노동시장의 유연성을 확장시킬 수 있는 유효한 미래 대안으로서 주목되는 포트폴리오 독립근로 경력개발을 활성화 · 보급화하는 데 도움이 되는 이론적 토대와 데이터를 구축해야 할 것이다.

둘째, 본 연구에서는 포트폴리오 독립근로자를 훈련하고 양성할 수 있는 직업 교육 또는 평생교육에 관련된 세부 지침이나 원칙 등을 제시하지는 않았다. 그러나, 본 연구의 탐색 과정에서도 확인한 것처럼, 포트폴리오 독립근로는 지속적, 자기 주도적 평생학습과 끝없는 자기개발, 메타 인지적 역량 등이 필수적인 만큼, 본 연구에서 제시한 이론모형을 기초 자료로 활용하여, 포트폴리오 독립근로와 연결성, 연관성을 지닌 평생교육 모델이나 커리큘럼 등을 개발하는 후속 연구들이 활성화되어야 한다. 특히, 본 연구를 통해 포트폴리오 독립근로 경력개발의 긍정적 결과로서 도출된 '덕업일치 구현'은 젊은 세대들이 현재 열망하는 이상적 삶의 핵심 구성 요인이기도 한 만큼, 후속 세대들의 경력개발과 인생 설계에 실질적, 실용적 도움을 줄 수 있는 교육 방안과 지침 등을 후속 연구들을 통해 대폭 보강하고 제시해야 할 것이다. 다양한 경력개발 모델과 평생교육 간의 연관성, 상호 보완성 등은 다수의 선행 연구들을 통해 공통적으로 강조되어왔다. 이런 점을 고려해 보더라도 포트폴리오 독립근로 경력개발과 긴밀하게 연관된 평생교육 또는 직업 재교육의 연구가 활성화되고, 그 토대 위에서 적절한 커리큘럼이 개발 · 축적될 필요가 있다. (중략)

이 섹션에서는 연구의 제한점에 관해 논의하고, 앞으로 진행될 후속연구를 위해 제언하도록 한다. 이미 수행한 연구에 대해 지나친 비판과 평가보다는 앞으로 진행될 후속연구를 위해 제언하도록 한다.

참고문헌

Reference

신경주(2022). *독립근로자의 포트폴리오 경력개발과정 탐색*[박사학위논문]. 숭실대학교 대학원.

신수진(2016). *대기업 사무직 근로자의 주관적 경력 성공과 지속 학습활동, 경력 정체성 및 경력 적응성, 프로티언 경력 지향성간의 구조적 관계*[박사학위논문] 고려대학교 대학원.

신수진, 홍아정(2013). 조직구성원의 자기 주도 학습과 주관적 경력성공의 관계에서 경력 메타역량의 매개효과. *직업교육연구, 32*(2), 73–98.

Fugate, M., Kinicki, A. J., & Ashforth, B. E. (2004). Employability: A psycho–social construct, its dimensions, and applications. *Journal of Vocational Behavior, 65*(1), 14–38.

Hall, D. T. (1996). Protean careers of the 21st century. *Academy of Management Executive, 10*(4), 8–16.

Savickas, M. L. (2005). The theory and practice of career construction. In S. D. Brown & R. W. Lent (Eds.), *Career development and counseling: Putting theory and research to work* (pp. 42–70). John Wiley & Sons.

Savickas, M. L., & Porfeli, E. J. (2012). The career adaptabilities scale: Construction, reliability, and measurement equivalence across 13 countries. *Journal of Vocational Behaviour, 80*(3), 661–673.

Wille, B., Beyers, W., & De Fruyt, F. (2012). A transactional approach to person−environment fit: Reciprocal relations between personality development and career role growth across young to middle adulthood. *Journal of Vocational Behavior, 81*(3), 307−321.

찾아보기

유 기 웅

조지아대학교(미) 성인교육학 박사, 인적자원개발/조직개발 석사

현) 숭실대학교 평생교육학과 교수, 숭실대학교 교육대학원 커리어·학습코칭전공 주임교수

숭실대학교 부설 한국커리어·학습코칭연구소장

주요 저서

'평생학습을 위한 프로그램개발 및 평가' (공저, 양서원, 2010)

'평생교육의 세 가지 지평' (공저, 박영스토리, 2017)

'질적 연구방법의 이해' (공저, 박영스토리, 2018, 개정판)

'교육복지론' (공저, 박영스토리, 2020, 개정판)

'미래사회와 경력개발' (공저, 박영스토리, 2020)

'평생교육론' (공저, 박영스토리, 2023)

'평생학습: 내 삶의 행복레시피' (공저, 박영스토리, 2024)

제2판

근거이론 방법의 체계적 접근: 논문작성 가이드

초판발행　2022년 1월 10일
제2판발행　2026년 1월 2일

지은이　유기웅
펴낸이　노 현

편 집　이혜미
기획/마케팅　허승훈
표지디자인　권아린
제 작　고철민·김원표

펴낸곳　㈜ 피와이메이트
서울특별시 금천구 가산디지털2로 53, 210호(가산동, 한라시그마밸리)
등록 2014. 2. 12. 제2018-000080호
전 화　02)733-6771
f a x　02)736-4818
e-mail　pys@pybook.co.kr
homepage　www.pybook.co.kr
ISBN　979-11-7279-168-1　93370

정 가　15,000원